Tanja Scheuplein

Code-Switching-Ereignisse in der Chatkommunikation

Wie im Chat mit Sprachwechselphänomenen umgegangen wird

Tanja Scheuplein

CODE-SWITCHING-EREIGNISSE IN DER CHATKOMMUNIKATION

Wie im Chat mit Sprachwechselphänomenen umgegangen wird

ibidem-Verlag
Stuttgart

Bibliografische Information der Deutschen Nationalbibliothek
Die Deutsche Nationalbibliothek verzeichnet diese Publikation in der Deutschen Nationalbibliografie; detaillierte bibliografische Daten sind im Internet über http://dnb.d-nb.de abrufbar.

Bibliographic information published by the Deutsche Nationalbibliothek
Die Deutsche Nationalbibliothek lists this publication in the Deutsche Nationalbibliografie; detailed bibliographic data are available in the Internet at http://dnb.d-nb.de.

∞

Gedruckt auf alterungsbeständigem, säurefreien Papier
Printed on acid-free paper

ISBN-10: 3-8382-0183-3

ISBN-13: 978-3-8382-0183-2

Printed in Germany

Inhaltsverzeichnis

1 Einleitung: Code-Switching in geschriebener Sprache

Das Internet und die damit einhergehende Verwendung neuer Kommunikationsmethoden wie E-Mailing, der Gebrauch von Foren, Mailinglisten und Chatrooms erfordert seit einigen Jahren eine vermehrte soziologische und linguistische Untersuchung der Phänomene, die die Nutzung der neuen Medien mit sich bringt. Diese Studie soll sich mit dem Thema des Code-Switchings innerhalb von Gesprächen im Chat befassen. Inwieweit der Begriff ‚Gespräch' für die Unterhaltungen im Chat gebraucht werden kann, wird ebenso im weiteren Verlauf geklärt werden, wie die Fragen nach der Übertragbarkeit der Ergebnisse der Untersuchung von Mehrsprachigkeit und der Forschung im Bereich des Code-Switchings und des Code-Mixings auf die Chatkommunikation.

Ein weiterer Schwerpunkt der Studie liegt darin, herauszufinden, aus welcher Forschungsrichtung sich dem Thema am besten genähert werden sollte. Hier spielen sowohl sozio- als auch psycholinguistische Themenbereiche eine Rolle. So muss der Frage auf den Grund gegangen werden, ob Code-Switching im Rahmen der Chatkommunikation als gruppenspezifisches Phänomen erachtet, es aus rein grammatikalischer Sicht überprüft oder die konkrete Gesprächssituation in den Vordergrund der Analyse gerückt werden sollte.

Soll die Chatkommunikation tatsächlich als Gespräch

betrachtet werden, so stellt sich die Frage, inwieweit die gängigen Untersuchungsmethoden innerhalb der Gesprächsanalyse hierfür anwendbar sind und welche Rolle sie bei der Untersuchung des Materials spielen. Es muss geklärt werden, wie sich der Sprecherwechsel in der Kommunikationsform Chat vollzieht, wie die Themensteuerung hier vor sich geht, und nach welchen anderen Kriterien die Chatkommunikation bewertet werden kann.

Für das Code-Switching selbst ist in erster Linie die Frage nach dem Code, der in einer bestimmten Situation gewechselt wird, relevant. Was ein Code ist, und vor allem wie er sich für den Gebrauch in dieser Studie definiert, wird zu klären sein. Auch die Situation selbst ist von hoher Relevanz, es ist zu untersuchen, welche ausschlaggebenden Faktoren dazu führen, dass Code-Switching überhaupt zustande kommt.

Zusätzlich zu einer eigenen Untersuchung an konkreten Gesprächssituationen im Chat muss daher zunächst eine theoretische Basis geschaffen werden, auf der sich die Analyse des vorliegenden Materials aufbauen lässt. In Kapitel 2 wird das Korpus vorgestellt, um anschließend die zentralen Fragestellungen in den Mittelpunkt zu rücken. Kapitel 3 liefert die theoretischen Grundlagen zum Thema Code-Switching und stellt einige Forschungsarbeiten vor, in denen unterschiedliche Zielrichtungen verfolgt werden. Hieraus werden die Analysegrundlagen für die eigene Untersuchung gewonnen. Kapitel 4 bringt das Basiswissen zum Thema IRC – dem Chatsystem, aus dem das Material gewonnen wurde – und allgemein zur Chatkommunikation mit. Neben einem Forschungsüberblick sind hier zentrale Probleme innerhalb der Kommunikationsform Chat zu finden. In Kapitel 5 wird schließlich eine eigene Untersuchung mit dem zur Verfügung stehenden Material dargestellt, die sowohl die Methoden und Techniken des Code-Switchings zum Inhalt hat, als auch auf die Kommunikationsform Chat und die Probleme, die sie mit sich bringt, eingeht. Kapitel 6 fasst die gewonnenen Ergebnisse letztlich zusammen und bietet Ausblick auf weitere mögliche Forschungsgebiete im Rahmen des thematischen Gegenstandes.

2 Korpus und Fragestellungen

Die zu analysierenden Gespräche stammen aus dem Mitschnitt eines Statistikroboters[1] – also eines Programms, das alle im jeweiligen Chatraum geführten Gespräche aufzeichnet und speichert. Dieser hat in der Zeit von März 2007 bis Mai 2009 die im IRC-Channel – hierbei handelt es sich um einen Chatroom, näheres in Kapitel 2.1 – #ggrn.de geführten Gespräche archiviert. Der Grund für diese Aufzeichnungen ergibt sich aus der Intention, eine Statistik über die Aktivität der Nutzer in diesem Channel zu erstellen, also zu ermitteln, welcher Nutzer wie viele Gesprächbeiträge innerhalb der Unterhaltungen im Chatroom geleistet hat. Der Bot ist also eine Art unsichtbarer Beobachter, der jegliche Aktivität registriert, die Daten den entsprechenden Nicknames zuordnet und auf einer Website veröffentlicht, so dass alle Chatter die Möglichkeit haben, zu sehen, wie viele Wörter, Zeichen oder Zeilen sie innerhalb der vergangenen 50 Tage – also des jeweiligen Statistikzeitraums – im Channel produziert haben. Die Verlaufsprotokolle werden allerdings nicht automatisch gelöscht, sondern manuell durch den Administrator, der den Bot verwaltet. Dieser hat die Daten, die insgesamt gut zwei Jahre aller im Channel geführten Unterhaltungen umfassen, für diese Studie zur Verfügung gestellt. Die Mitschnitte unterliegen also nicht der Einschränkung der Onlinetätigkeit einzelner Nutzer – was bedeuten würde, dass gegebenenfalls nur Fragmente einzelner Gespräche vorhanden wären und der Mitschnitt in dem Moment enden wür-

[1] im weiteren Verlauf als Bot bezeichnet

de, in dem der Benutzer den Channel verlässt. Stattdessen wird die ständige Präsenz des Bots genutzt, um die Vollständigkeit der Gesprächsabschnitte zu gewährleisten. Für die vorliegende Studie wurden aufgrund der großen Datenfülle allerdings nur die für das Thema relevanten Ausschnitte des Logfiles manuell herausgefiltert und verwendet.

2.1 Der Channel

Der Channel #ggrn.de befindet sich auf dem Netzwerk Atlantis-IRC und stellt einen begleitenden Chatroom zum Webradio Global German Radio Network dar. Der Chatraum ist entweder direkt über den Atlantis-Server oder über die Webadresse www.ggrn.de zu erreichen. Die Nutzer dieses Raumes sind über ganz Deutschland verteilt, auch einige Österreicher und Schweizer chatten regelmäßig im Channel. Von Zeit zu Zeit gesellen sich User aus Spanien, Chile, Kroatien, der Türkei, Algerien oder den USA dazu, um am Gespräch teilzunehmen. Die durchschnittliche Nutzerzahl liegt rund um die Uhr bei etwa 30 anwesenden Chattern, je nach Tageszeit oder moderierter Sendung im Webradio kann die Nutzerzahl 40 bis 50 betragen, allerdings bedeutet die reine Anwesenheit der Chatter nicht, dass sie sich zeitgleich auch ins Gespräch einbringen.

2.2 Themenfindung und Analysegrundlagen

Zur Themenfindung und schließlich zur Eingrenzung des zu untersuchenden Gegenstandes wurde wie folgt vorgegangen: Das Oberthema lautete – sehr allgemein gefasst – ‚Sprache in Fernkommunikation', was Telefongespräche ebenso beinhaltet wie Kommunikation vermittels Briefen, E-Mails, Zuschriften – beispielsweise auf Kontakt- oder Wohnungsanzeigen –, kurz, alles, was nicht unter den Aspekt der Face-to-Face-Kommunikation fällt. Dass sich die Untersuchung auf das Thema Chat richten würde, war schnell klar, da ein guter Zugang zu zu untersuchendem Material gegeben war und es sich hierbei um ein Thema handelt, das zwar vielerorts bereits diskutiert wurde, allerdings auch noch viel Raum für weiterführende Untersuchungen bietet. Als erstes musste anhand des umfangreichen Datenmaterials die Idee zu einem spezifischen Thema entwickelt werden, das nicht bereits in zu hohem Maße behandelt worden ist. Dazu wurde ganz allgemein die Fragestellung ‚Welche Auffälligkeiten liefert das Material?' aufgenommen. Nach Sichtung der Chatlogs fiel die Wahl der verwertbaren Daten auf jene, die mit dem Thema Code-Switching in Verbindung stehen, da an vielen Stellen innerhalb des Korpus unterschiedliche Sprachen – zusätzlich zur im Channel gängigen Sprache Deutsch waren häufig Beiträge in englischer und spanischer Sprache zu finden – verwendet wurden. Des Weiteren sind Sprachwechsel innerhalb einzelner Sequenzen zu verzeichnen und das Material versprach daher, eine reichhaltige Analysequelle darzustellen. Bei der Auswertung der Daten wurden zunächst alle Textteile, in denen die Nutzer doria – eine Spanierin – und Seventh – ein Chilene – im Chat aktiv waren, über die Suchfunktion – hier wurde der Nickname eingegeben – gefunden, herauskopiert und als separate Dateien abgespeichert. Weniger relevante Teile der Chatlogs, beispielsweise an Stellen, wo die Benutzer zwar anwesend waren und somit ansprechbar gewesen wären, allerdings nicht an der Konversation teilgenommen haben, wurden markiert und für die Untersuchung außer Acht gelassen. Später folgte die Analyse der einzelnen Abschnitte, vor allem unter Berücksichtigung des Phänomens des Code-Switchings, das aufgrund der Fremdsprachennutzung der jeweiligen Beteiligten von besonderer Relevanz ist. Auch wurde anhand einer Nutzerbefragung herausgefunden, ob während der Kommunikation Hilfsmittel (vgl. Kapitel 5.4) zum Einsatz kamen oder ob die Konversation durch eigene Sprachkompetenz aufrecht erhalten werden konnte.

Mit der Lektüre der für Code-Switching relevanten Literatur kamen weitere Fragen auf, die sich vor allem auf die ablaufenden Prozesse und Möglichkeiten, mit denen Code-Switching oder Code-Mixing vonstatten geht, bezogen. Es stellte sich die Frage nach der Analyse der Funktionen, die der Sprachwechsel in den einzelnen Sequenzen erfüllt und die je nach Themenbezogenheit unterschiedliche sein konnten. Die situativen, deiktischen Gegebenheiten rückten ebenso in den Vordergrund des Interesses wie die Frage nach den Werkzeugen, vermittels derer die Antwort in der fremden Sprache seitens des deutschsprachigen Rezipienten verwirklicht wurde. Auch fiel auf, dass innerhalb der Gespräche häufiger Störungen auftraten, die in direktem Zusammenhang mit der Thematik – und in diesem Fall sogar Problematik – des Code-Switchings standen. Also musste die Frage gestellt werden, in welcher Situation Störungen auftraten, welcher Art sie waren und wie es gelingen konnte, sie zu beheben.

Darüber hinaus wurde eine Nutzerbefragung der Chatter in #ggrn.de durchgeführt, in der sowohl allgemeine als auch für das Thema Code-Switching relevante Fragen gestellt wurden. Die Befragung zielte maßgeblich darauf ab, herauszufinden, ob bei den Gesprächsteilnehmern die Bereitschaft besteht, sich an Gesprächen, innerhalb derer gegebenenfalls Code-Switching-Ereignisse stattfinden können, zu beteiligen.

2.3 Weiteres Vorgehen

Zunächst ist es allerdings unumgänglich, die theoretischen Grundlagen zu erarbeiten und darzustellen, womit sich die Kapitel 3 und 4 der Studie beschäftigen. Es muss erläutert werden, was unter Mehrsprachigkeit zu verstehen ist, wie es zum Code-Switching kommt und aus welchen möglichen Gründen innerhalb einer Unterhaltung die Sprache gewechselt wird. All diese Faktoren müssen bei der Analyse des vorhandenen Materials berücksichtigt werden, eine theoretische Einführung in das Thema Code-Switching ist daher unerlässlich. Die Kommunikation(-sweise) im IRC stellt Gespräche einer gewissen Subkultur, nämlich der der Chatbenutzer – in diesem speziellen Fall einer recht aufgeschlossenen Gemeinschaft, was nicht immer der Fall ist (vgl. Kap. 4.2) – dar, deren Beschreibung einige Fachausdrücke und ein beachtliches Repertoire an Insiderwissen voraussetzt, das sich auf typische Phrasen oder auf Techniken der Gesprächssteuerung, Zuweisungen von Rederecht oder den Umgang mit besonderen Konventionen, die der Chatkommunikation eigen sind, bezieht. Hierauf wird im weiteren Verlauf ebenso eingegangen, wie auf weitere Merkmale dieser (nahezu) synchronen Form der schriftbasierten Fernkommunikation.

3 Code-Switching – ein Überblick

Was ist Code-Switching? – Diese Frage fällt beim Durchsehen nahezu jeder Forschungsarbeit zum Thema ins Auge, gefolgt von häufig relativ undurchsichtigen Erklärungen und Definitionen. Es scheint zunächst schwierig zu sein, die Verwendung des Begriffes auf einen Nenner zu bringen, da die Bezeichnung seit ihrer Prägung verschiedene Phänomene benennen musste. Der Grund hierfür ist der folgende: Peter AUER (1998: 1) gibt die übliche Definition für Code-Switching als „alternating use of two or 'more codes' within one conversational episode" an. Doch der Begriff ‚Code' wird in der Literatur auf unterschiedliche Weise und für verschiedene Phänomene verwendet. Zunächst gilt es also – neben einem kleinen Forschungsüberblick über das Thema Code-Switching –, dem eigentlichen Begriff des Codes auf die Spur zu kommen und ihn so zu definieren, dass er für diese Studie angemessen gebraucht werden kann.

Zur Geschichte und Forschung in Bezug auf das Thema Code-Switching gibt ALVAREZ-CÁCCAMO (1998) einen guten Überblick. Untersucht wird dieses Phänomen demnach intensiver seit den 50er Jahren des 20. Jahrhunderts. Zunächst bildeten sich drei Forschungstrends heraus: zum einen die strukturalistische Phonologie, außerdem die Informationstheorie und die Erforschung der Zwei- oder Mehrsprachigkeit. Erste Zusammenführungen dieser Richtungen erfolgten durch Roman JAKOBSON (mit FANT und HALLE 1952), seines Zeichens Strukturalist der

Prager Schule, und der Arbeit „Linguistics and Communictional Theory“, basierend auf FANOs Studie von 1950 zur Informationstheorie und dem Werk von FRIES und PIKE (1949) über koexistierende phonetische Systeme, wonach es zwei oder mehr koexistierende phonetische Systeme in der Sprache eines einsprachigen Menschen geben kann (FRIES/PIKE 1949: 29). HOIJER entwarf 1948 die beiden Konzepte der „phonemischen Alternation“ und der „phonemischen Abwandlung“, die in Zusammenhang zu denen des Code-Switchings im Gegensatz zum Borrowing, wo ein Aspekt aus der Grammatik der Zielsprache modifiziert wird, gesetzt werden können. Allerdings bezieht sich noch keine dieser Studien explizit auf das Phänomen des Code-Switchings in seinem heutigen Gebrauch. Hierbei muss wieder die Frage danach gestellt werden, worum es sich bei einem Code handelt. Nach JAKOBSONs Auffassung besitzt jede Sprache einen Code und stellt nicht selbst einen dar (ALVAREZ-CÁCCAMO 1998: 31). FANO war ähnlicher Meinung:

> „Spectographic analysis has indicated that the different speech sounds used by any one speaker have easily distinguishable frequency patterns which are essentially stationary with time. This does not seem to be true for speech sounds used by different codes. These codes are stored in the brain of the listener who uses in each case the appropriate code. New codes are continually learned whenever new people are met, particularly people belonging to different linguistic

> groups. This point of view is in agreement with the observation that our ability to understand and the effort required to understand depends on our familiarity with the speaker's voice. In addition, we are often conscious of 'switching code' in our brain, particularly when a change of language takes place."
>
> FANO (1950: 635-636), zitiert nach ALVAREZ-CÁCCAMO (1998: 31)

Codes werden nach JAKOBSON und FANO also genutzt, um Sprache zu entschlüsseln und zu produzieren. Code-Switching ist dabei nicht nur die Alternation von Sprachen, sondern auch von Dialekten, Stilen, prosodischen Registern, paraverbalen Hinweisen und so weiter. Diese Aspekte werden mit den von GUMPERZ (1982) beschriebenen „contextualization cues" in Verbindung gebracht.

Erste Studien über Mehrsprachigkeit wurden von HAUGEN (1950), WEINREICH (1953), VOGT (1954) und DIEBOLD (1961) verfasst, allerdings wird Code-Switching noch nicht zum Untersuchungsgegenstand gemacht. Bei HAUGEN (1950) werden zwar wechselnde Codes, beziehungsweise der Wechsel zwischen Codes, thematisiert, allerdings nur insofern, als dass er beschreibt, dass bilinguale Sprecher zwar unvermittelt von einer Sprache in die nächste wechseln, zu einem bestimmten Zeitpunkt allerdings nur eine Sprache verwenden, selbst wenn sie zur Unterstützung auf die andere zurückgreifen. WEINREICH (1953) beschreibt das Phänomen auf die gleiche Weise, ebenso wie MACKEY (1962). Hier wird der Begriff synonym zu Alternation verwendet. Die erste explizite Erwähnung von Code-Switching ist bei VOGT (1954) zu finden, wo es allerdings nicht als linguistisches Phänomen erachtet wird, sondern eher als ein psychologisches. Demnach seien die Gründe dafür offensichtlich außersprachliche. HAUGEN schreibt 1956, dass Code-Switching dann zum Einsatz komme, wenn ein bilingualer Sprecher ein nicht assimiliertes Wort einer anderen Sprache in seinen Sprachgebrauch einfließen lasse. Das Phänomen gehöre demnach zu den „three stages in diffusion":

> „Precision would thus require us to distinguish three stages in diffusion: (1) *switching*, the alternate use of two languages, (2) *interference*, the overlapping of two languages, and (3) *integration*, the regular use of material from one language in another, so that there is no longer either switching or overlapping, except in a historical sense."
>
> HAUGEN (1956: 40, Hervorhebungen im Original)

Code-Switching wird hier also am ehesten wie ein Sprachwandelphänomen beschrieben, der Sprachwechsel scheint nicht bewusst in synchronischer Hinsicht vonstatten zu gehen, sondern eher in diachronischer, die Eingliederung von Material aus einer in eine andere Sprache findet mit der Zeit statt und unterliegt einer Entwicklung.

Bei DIEBOLD (1961) und JAKOBSON (1961) taucht der Begriff des Code-Switchings im Sinne von ‚recoding', also Umschlüsselung, neben Ver- und Entschlüsselung (‚encoding', ‚decoding') auf. Der Begriff des Code-Switchings wurde also zu Beginn der Erforschung von Mehrsprachigkeit und den damit einhergehenden Phänomenen weder einheitlich verwendet, noch klar definiert.

Mit GUMPERZ und seinen Studien über soziale Dialektologie in Indien wurde Code-Switching eine funktionale, interaktionale Seite zugesprochen, die den Sprachwechsel nun in den Bereich des soziolinguistischen Interesses rückte. GUMPERZ selbst gilt als einer der Urväter der Soziolinguistik, der viele für diesen Bereich wichtige Forschungsarbeiten verfasst hat. Einige dieser Arbeiten finden sich in der Essaysammlung ‚Language in Social Groups' von 1971. Auch bei ihm wird das Phänomen des Code-Switchings als solches von psychologischer Natur beschrieben, die verwendeten Codes hängen von den am Gespräch beteiligten Personen, vom Umfeld und vom Thema ab, es geht also um Einschätzungen, Kategorisierungen und Zuordnungen innerhalb der Interaktion. Codes sind demnach beeinflusst von außersprachlichen Faktoren wie Herkunft, sozialem Stand oder Bildungsniveau, die die Gesprächsteilnehmer erfassen, verarbeiten, um in adäquater Weise auf den Sprecher reagieren zu können. Das Gegenüber bestimmt den Code, den man selbst wählt, wenn man mit ihm in Interaktion tritt.

ALVAREZ-CÁCCAMO (1998) definiert den Begriff des Codes wie folgt:

> „[...] the meaning of 'code' [as a] productive and interpretive device of 'cipher', [...] we need

> to distinguish between the linguistic material present in utterances (linguistic varieties) and the associative mechanisms which underlie their production (communicative codes). Codes transduce communicative intentions into utterances, and utterances into interpretations. Since various codes operate simultaneously and jointly for the production of linguistic material at several levels of discourse organisation (situation, activity and speech act), the resulting utterances are inherently polysemic as to the intentions being encoded."
>
> ALVAREZ-CÁCCAMO (1998: 42)

Es geht hier also nicht nur um linguistisch relevante Erscheinungen, sondern vielmehr um Identitäten, Interpretierbarkeiten und Intentionen, die mit Hilfe eines Sprach-, Sprachebenen- oder Stilwechsels transportiert werden. Die dafür gewählte Sprache selbst tritt zugunsten sozialer Aspekte in den Hintergrund.

Im folgenden Kapitel soll nun genauer auf die Phänomene eingegangen werden, die im zu untersuchenden Material maßgeblich sind und sich in den IRC-Mitschnitten als augenfällig herausgestellt haben. Dabei ist interessant, wie mit Mehrsprachigkeit umgegangen wird. Im Korpus finden sich zahlreiche Beispiele von Code-Switching und Code-Mixing, also von Sprachwechsel, der auf unterschiedliche Arten vollzogen wird. Zunächst muss geklärt werden, wie sich Mehrsprachigkeit definiert. Ferner wird die Frage behandelt, welche Faktoren und Gegebenheiten bestehen müssen, damit die Gesprächsteilnehmer den Sprachwechsel vollziehen. Anschließend wird Code-Switching mit dem Phänomen des Code-Mixings verglichen. Ein weiterer interessanter Aspekt tut sich bei der Frage danach auf, was sozio- und psycholinguistisch vonstatten geht, wenn innerhalb der (Chat-)Kommunikation mit mehreren Sprachen umgegangen wird.

3.1 Mehrsprachigkeit

Mehrsprachig ist jeder, der die Kompetenz besitzt, in mindestens zwei Sprachen mit anderen zu interagieren, sei es in der Schule, im Beruf oder in der Freizeit. Die Sprachkenntnisse müssen nicht von frühester Kindheit an, sondern können später – beispielsweise in der Schule – erworben worden sein (LI WEI 2000). Es spielt keine Rolle, ob eine der Sprachen, die der Sprecher beherrscht, besser oder schlechter gesprochen wird, lediglich die Fähigkeit, sich in der Sprache verständlich zu machen und zu verständigen, ist ausschlaggebend. Es geht also nicht darum, dass eine Person mehrsprachig aufgewachsen und daher zwei oder mehr Sprachen in ähnlich guter Qualität zu sprechen befähigt ist. Die wenigsten Menschen besitzen in mehr als einer Sprache die Kompetenz, sie wie ihre Muttersprache zu beherrschen. Es handelt sich hierbei um mehrsprachig aufgewachsene Kinder, bei denen sich allerdings im Laufe der Zeit meist auch die Präferenz für eine der Sprachen – entweder für die, die sie besser erlernen oder für jene, die häufiger von ihnen gebraucht wird – entwickelt. Die Fertigkeit zur Nutzung der anderen wird in fast allen Fällen nur in bestimmten Situationen eingesetzt, selten besteht für einen Sprecher die Möglichkeit oder die Relevanz, zwei Sprachen in exakt der selben Situation und in Interaktion mit den selben Menschen zu verwenden. (MYERS-SCOTTON 2006: 36).

Nach LI WEI (2000) gibt es verschiedene Arten von mehrsprachigen Sprechern, hierzu ist eine Übersicht angeführt, beispielsweise werden genannt:

> „*achieved bilingual* same as *late bilingual.*
>
> *additive bilingual someone* whose two languages combine in a complementary and enriching fashion.
>
> *ambilingual* same as *balanced bilingual.*
>
> *ascendant bilingual* someone whose ability to function in a second language is developing due to increased use.
>
> *ascribed bilingual* same as *early bilingual.*
>
> *asymmetrical bilingual* see *receptive bilingual.*
>
> *balanced bilingual* someone whose mastery of two languages is roughly equivalent.
>
> *compound bilingual* someone whose two languages are learnt at the same time, often in the same context.
>
> *consecutive bilingual* same as *successive bilingual.*

[...]"

LI WEI (2000: 6f, Hervorhebungen im Original)

LI WEI (2000) führt hier also eine Reihe von Varianten der Mehrsprachigkeit mit Blick auf den jeweiligen Sprecher auf und definiert dadurch Begriffe, die mit dem jeweiligen Sprachbenutzer in Verbindung gebracht werden. Auf diese Weise lässt sich eine Abgrenzung in der Intensität der Sprachbeherrschung der einzelnen Person treffen und eine feinere Abstufung wird möglich. LI WEI beschreibt jedoch zudem, dass nicht jeder bilinguale Sprecher auch als solcher erkannt oder bezeichnet werden will. Er zitiert hier MACKEY (1962), der schreibt, dass Zweisprachigkeit durch ihre Benutzung charakterisiert und daher kein Phänomen von Sprache sei. Nicht auf den Code komme es an, sondern auf die dahinterstehende Aussage. Die Frage ist nicht, wie gut ein Mensch eine Sprache zu sprechen vermag – in welcher Intensität er das auch tut, steht im Vordergrund.

Natürlich ist Mehrsprachigkeit die absolute Voraussetzung für Code-Switching im für diese Studie relevanten Sinn. Dennoch soll nicht zu tief in diesen Forschungsbereich eingedrungen werden, da prinzipiell nicht die Forschung der Mehrsprachigkeit oder die Einordnung der an den untersuchten Gesprächen Beteiligten in Kategorien der Mehrsprachigkeitskompetenz im Vordergrund steht, sondern vielmehr die Anwendung von Code-Switching im Sinne von ‚Wechsel zwischen zwei oder mehr Sprachen' in synchroner (Fern-)Kommunikation. Es kann festgehalten werden, dass jeweils eine Bereitschaft dazu bestehen muss, die Sprachen, die ein Sprachbenutzer erlernt hat, auch anzuwenden, und sich nicht durch Verweigerung der Konversation zu entziehen. Welche in der Literatur beschriebenen Situationen oder Gegebenheiten vorhanden sind, auf Grund derer ein Sprachwechsel vollzogen wird, soll im Folgenden dargelegt werden.

3.2 Wie kommt es zum Code-Switching?

Nach GUMPERZ (1971) sind die Situation und das Umfeld, in denen der jeweilige Code verwendet wird, ausschlaggebend. So vergleicht er die Sprache, die in einer religiösen Zeremonie verwendet wird, mit der von Plaudereien im Freundeskreis und stellt fest, dass unterschiedliche Codes für unterschiedliche Kontexte verwendet werden. Und:

> „[Co-occurence rules] simultaneously condition the morphological and phonological realizations of messages. This property enables us to segment verbal repertoires into distinct speech varieties. A verbal repertoire then is not simply composed of linguistic forms. It is always a set of varieties, each with its own internal grammatical structure."
>
> GUMPERZ (1971: 156, Hervorhebung im Original)

Wenn sich also die Situation ändert, so ändert sich auch der Code. Das sprachliche Repertoire ist sowohl linguistisch als auch soziologisch definierbar und in jedem Fall interpretierbar. Je nach dem, in welchem Umfeld sich der Sprecher in der Sprechsituation befindet, wechselt er bewusst den Code, da er weiß, für welches Setting welcher Code erforderlich ist, was sich in der Sprache niederschlägt. So kann also gesagt werden, dass jeder Situation bestimmte konventionelle Codes zugeordnet sind, die in der entsprechenden Situation verwendet werden müssen, damit es nicht zum Bruch der Konvention kommt.

Dem Werk von GUMPERZ folgend, stellt MYERS-SCOTTON (1993) die ‚markedness'-Theorie von Code-Switching auf. Hierbei geht es darum, dass gewisse Codes – hier als verschiedene Varietäten einer Sprache bezeichnet – in ihrer Benutzung vom jeweiligen Kontext und der jeweiligen Sprechsituation abhängen. Der Gesprächspartner erwartet vom Sprecher gewisse situations- und kontextabhängige sprachliche Konventionen. Erfüllt er diese durch Verwendung des kontextuell richtigen Codes, so ist dieser Code unmarkiert. Verletzt der Sprecher allerdings bewusst die Konventionen, von denen er weiß, dass das Gegenüber sie von ihm erwartet, so produziert er einen markierten Code. Markierte Codes kommen nach MYERS-SCOTTON (1993) nur vor, wenn es das Bestreben des Sprechers ist, bewusst eine Konvention zu verletzen. Code-Switching wird hier also lediglich im sozio-kulturellen Rahmen betrachtet, in dem es strikte Vorgaben für die Verwendung einzelner Codes gibt und über die vor allem sowohl Sprecher als auch Interaktionspartner Bescheid wissen und bei denen davon ausgegangen wird, dass die Gesprächsteilnehmer vom Gegenüber erwarten, dass er die jeweiligen Konventionen erfüllt.

LI WEI (1998) diskutiert die ‚markedness'-Theorie von Code-Switching kritisch. Die Ursachen für Code-Switching sind demzufolge nicht in sozio-kulturell orientierten Konventionen zu suchen, vielmehr ist die konkrete Gesprächssituation relevant. Nicht der Code ist hier von entscheidender Bedeutung, sondern der Wechsel der Sprache innerhalb des gegebenen Kontexts. Der Wechsel selbst sollte also im Mittelpunkt der Erforschung stehen, nicht die Codes. So bringt LI WEI (1998: 160) konkrete Beispiele für Situationen an, in denen der Code gewechselt wird, um die Aufmerksamkeit des Gesprächspartners wieder zu wecken, wenn das Gespräch abzubrechen droht. Code-Switching dient hier als Werkzeug, um das Interesse des Gegenübers an der Unterhaltung aufrecht zu erhalten und auf einen bestimmten Kontext zu lenken. Daran anschließend kann wieder in die Ursprungssprache gewechselt und das Gespräch fortgesetzt werden. Das hat allerdings nichts mit sozio-kulturellen Konventionen zu tun, sondern dient lediglich der Verifikation und Gewährleistung der Gesprächsbereitschaft des Interaktionspartners. Hier geht es also nicht um den Code, sondern vielmehr um die individuelle Gesprächssituation, die den Code-Wechsel hervorruft.

Auch bei AUER (1998) – und vor allem hier – steht die konkrete Situation, innerhalb derer die Interaktion vonstatten geht, im Vordergrund, daneben ist die Wahl des Codes von den an dem Gespräch beteiligten Personen abhängig. In Untersuchungen zum Thema Code-Switching wird zunächst das Material auf Code-Switching hin geprüft. Es wird also festgestellt, ob es in diesem Gespräch zum Sprachwechsel kommt oder nicht. AUER (1998: 2) bemängelt, dass Code-Switching, wenn es vorkommt, meist aus sozio-kulturellen Aspekten heraus betrachtet wird, es muss also gefragt werden, in welcher Gruppe sich ein Sprecher befindet, während er etwas sagt, nicht aber wird die Frage danach gestellt, warum ein Sprecher in genau diesem Moment die Äußerung tätigt und dabei die Sprache wechselt. Eine Untersuchung von Code-Switching sollte nach AUER personenbezogen sein und nicht bezogen auf die soziale Gruppe. Ein anderer Kritikpunkt ist, dass oft nur betrachtet wird, ob ein Sprachwechsel auftritt oder nicht, und nicht die Frage gestellt wird, warum es gerade in diesem Kontext, in diesem speziellen Gespräch, stattfindet. Häufig wird Code-Switching auch nur im grammatikalisch-syntaktischen Zusammenhang untersucht, was AUER (1998) ebenfalls für ungenügend hält.

Er selbst hat Muster dafür ausfindig gemacht, wie es zu Code-Switching kommt.[2]

Zum Einen kann es vorkommen, dass Sprecher 1 im ersten Turn die von Sprecher 2 nicht präferierte Sprache A wählt und ignoriert wird, bis er auf Sprache B wechselt und dann eine Antwort erhält. Das Muster wird folgendermaßen beschrieben, wobei Buchstaben für Sprachen und Zahlen für Sprecher stehen:

A1 // B1 B2 B1 B2 ....

Ein weiteres Muster wird in einem weiteren Kontext zur aktuellen Sprechsituation gesehen, hierbei handelt es sich

[2]Konkrete Beispiele hierfür finden sich in AUER (1998: 4ff).

um diskursabhängige Insertionen, beispielsweise nach dem Muster

... A1[B1]A1 ....

Es erfolgt eine Einfügung in einer anderen Sprache als der in diesem Moment gesprochenen.
Als weiteres Muster nennt AUER (1998) das Phänomen der „language negotiation", bei dem über eine gemeinsame Sprache verhandelt und sich schließlich auf einen Code geeinigt wird. Das entsprechende Muster hat die folgende Form:

... A1 B2 A1 B2 A1 // A2 A1 A2 A1 ....

Es besteht natürlich auch die Möglichkeit, dass Sprecher 2 sich nicht auf die Verhandlung einlässt und seinen Code B beibehält:

... A1 B2 A1 B2 A1 B2 A1 B2 ....

Hier findet kein Wechsel auf die von Sprecher 1 vorgeschlagene Sprache statt. Zu beachten ist immer der soziale, politische und kulturelle Hintergrund, hier können die Gründe dafür zu finden sein, warum ein Wechsel in eine gemeinsame Sprache stattfindet oder nicht. Auch ist Code-Switching diskursabhängig. Sieht Sprecher 2 keinen Grund, gerade in diesem Moment die Sprache zu wechseln, so unterlässt er es.
Nach AUER (1998) ist die Definition des Terminus ‚Code' relativ schwierig, da sowohl eine eigenständige Sprache als auch verschiedene Varianten einer solchen dahingehend als Code gelten können, wenn sie innerhalb des Kontextes, in

dem sie gebraucht werden, die Situation durch ihren Gebrauch verändern. Das kann also so erläutert werden, als dass durch die Nutzung eines Dialektes die Sprachebene dahingehend gewechselt wird, dass das Ziel des Wechsels jenes ist, einen informelleren Gebrauch der Sprache herbeizuführen.

Laut ALVAREZ-CÁCCAMO (1998) können verschiedene Arten von Code-Switching unterschieden werden. Es herrschen Probleme, eine klare Abgrenzung vorzunehmen, was die Frage anbelangt, worum es sich bei einem Code überhaupt handelt (vgl. Kapitel 3). Wenn man einen Code nämlich als eine Varietät oder eine stilistische Eigenheit innerhalb des Sprachgebrauchs einer Gemeinschaft, einer Gruppe oder gar eines Indivuduums betrachtet, so muss jede noch so kleine Änderung im Sprachstil des Einzelnen als Code-Switching betrachtet werden. Es ist dabei also nicht zwingend erforderlich, die Sprache[3] zu wechseln, vielmehr kann auch ein Stilwechsel das Ändern des Codes bedeuten. So bezeichnet ALVAREZ-CÁCCAMO (1998: 37) einen Wechsel von formellem in informellen Stil oder von gehobener Sprache in Umgangssprache – also den Ebenenwechsel innerhalb einer Sprache – ebenfalls als Code-Switching, sofern er innerhalb eines Sprechereignisses stattfindet. Des Weiteren stellt er fest, dass zumeist kein Wechsel von einer Sprache in eine andere stattfindet, sondern dass lexikalisches, syntaktisches und prosodisches Material beider Sprachen miteinander verschmolzen wird

[3]Hier ist ‚Sprache' in dem Sinne gemeint, in dem man den Begriff im Kontext von Mehrsprachigkeit verwendet, also dem Wechsel von beispielsweise dem Deutschen ins Englische.

und somit zu einer situativ oder kontextuell relevanten Bedeutung gelangt. Code-Switching ist demnach also situationsabhängig, und die jeweilige Situation verursacht den Wechsel innerhalb der Interaktion in einer Gruppe so, dass der wiedergegebene Inhalt – egal, in welcher Sprache die Wiedergabe erfolgt – im entsprechenden Kontext kohärent und verständlich ist. So ist auch für ALVAREZ-CÁCCAMO (1998) die Situation relevant, der Erfolg der Kommunikation ist nicht allein von sprachlichen, sondern vielmehr von situativen Komponenten abhängig. Der Sprecher muss sich nicht einmal der Sprache bewusst sein, die er gerade spricht, lediglich der Kontext und die Gruppe, in der er sich sprachlich bewegt und die ihn versteht, ist ausschlaggebend. Die Identität und die eigene Einordnung des Sprechers in eine Gruppe ist ebenfalls von großer Relevanz, nämlich dahingehend, dass er beispielsweise typische prosodische Mittel verwendet, also die Aussprache einzelner Phoneme oder den Wortakzent ändert, so dass er klar in eine bestimmte Sprechergemeinschaft einordenbar ist, obwohl er in einer anderen Sprache interagiert. Bei ALVAREZ-CÁCCAMO (1998: 37ff.) finden sich einige Beispiele, in denen thematisiert wird, dass zwar Spanisch gesprochen, allerdings galicische Aussprachevarianten gewählt werden, so dass sich der Sprecher durch die Verwendung kleinster Marker innerhalb des linguistischen Kontinuums als Galicier zu erkennen gibt und dadurch als solcher identifizierbar ist. Code-Switching ist nach ALVAREZ-CÁCCAMO also nicht lediglich der Sprachenwechsel, sondern vielmehr auch der Wechsel der Sprachebene und die Vermischung der

Syntax oder der Prosodie mehrerer Sprachen in Hinblick auf die Einordnung in eine bestimmte soziale Gruppe, zur Generierung von Identität und somit zur Abgrenzung nach außen.

BULLOCK/TORIBIO (2009) beschränken sich bei ihrer Definition von Code-Switching auf den eigentlichen Wechsel zwischen zwei Sprachen, der Code-Wechsel erfolgt innerhalb eines Satzes oder zwischen zwei Sätzen, ohne dass sich das Setting (also das Thema oder die Personenkonstellation) ändern muss, häufig sogar innerhalb einer einzigen Äußerung. Während Linguisten sich mit dem Thema in Hinblick auf Zwei- oder Mehrsprachigkeit beschäftigen und Code-Switching aus Sicht des jeweiligen Sprechers, der über die Fähigkeit zur zeitnahen Nutzung mehrerer Sprachen verfügt, betrachten, wird Code-Switching aus nichtwissenschaftlicher Sicht häufig als Sprachverfall gewertet (BULLOCK/TORIBIO 2009: 1). Der multilinguale Sprecher hingegen sieht den Wechsel zwischen verschiedenen Sprachen eher als eine Fähigkeit anstatt als Schwäche an. Die Oberflächenstruktur verschiedener Sprachen weist häufig Unterschiede auf, weswegen die Kritikpunkte am Code-Switching damit einhergehend oft im Bereich der Grammatik zu finden sind. Da ein Sprecher, der mehrere Sprachen beherrscht, gemeinhin in der Lage ist, die Grammatik anzugleichen, besteht dabei das Problem, dass möglicherweise keine Korrektheit erreicht wird und somit die Grammatik nicht auf die – hyperkorrekte – Art genutzt wird, wie sie laut Meinung der Kritiker in ihrer perspektivischen Sicht auf die Sprache genutzt werden sollte. Die linguistische Betrachtungsweise ist eine deskriptive, es werden also Beobachtungen über die tatsächliche Sprachbenutzung angestellt und erklärt. Nicht der Blick auf die bestehenden Grammatikregeln ist von Bedeutung, sondern vielmehr, wie die gesprochene Sprache genutzt und wie mit ihren Variationsmöglichkeiten umgegangen wird. Sprachkontakt – und damit einhergehend die Pragmatik der Sprachvermischung – folgt eigenen Regeln, die nicht mit der Grammatik einer Einzelsprache vereinbar oder zu erklären sind. Konstruktionen innerhalb der Vermischung zweier Sprachen sind also häufig nicht zufällig. Der Wechsel zwischen den beiden Sprachen ist allerdings nicht klar ab- und einzugrenzen. Hier spielen mehrere Faktoren eine Rolle:

> „CS comprises a broad range of contact phenomena and is difficult to characterize definitively. First, its linguistic manifestation may extend from the insertion of single words to the alternation of language for larger segments of discourse. Second, it is produced by bilinguals of differing degrees of proficiency who reside in various types of language contact settings, and as consequence their CS patterns may not be uniform. Finally, it may be deployed for a number of reasons: filling linguistic gaps, expressing ethnic identity, and achieving particular discursive aims, among others."
>
> BULLOCK/TORIBIO 2009: 2

Nach BULLOCK/TORIBIO (2009) ist es auch notwendig, Code-Switching von anderen kontaktlinguistischen Phänomenen zu unterscheiden. So handelt es sich nach Meinung der Autorinnen beim Borrowing, also wenn ein einziges Wort aus einer anderen Sprache, das nicht im festen Lexikon der Zielsprache vertreten ist, in eine vom multilingualen Sprecher getätigte Äußerung einfließt, nicht um Code-Switching. Auch bei Mischsprachen ist es schwierig, von Code-Switching zu sprechen. Zwar mögen diese Sprachen aus Code-Switching-Elementen, beziehungsweise aus einer Mixtur mehrerer Sprachen, entstanden sein, doch werden sie von den Sprechern als eigenständige Sprache verwendet und auch in der Schule gelehrt. Zusätzlich muss Code-Switching von Diglossie unterschieden werden. In Ländern, in denen parallel zwei oder mehr Sprachen verwendet werden, gilt eine davon meist als Amtssprache und wird in offiziellen Kontexten verwendet, die anderen finden Verwendung in allen anderen Bereichen des täglichen Lebens. Hier wird also je nachdem, in welchem Umfeld man sich gerade befindet, die Sprache gewechselt, die Sprachwahl ist nicht individuell, sondern vom jeweiligen Setting abhängig.

Es ist notwendig, bei der Frage, wie es zum Code-Switching kommt, zu abstrahieren. Zunächst muss gefragt werden, welche Phänomene eigentlich untersucht werden sollen und auf welcher Ebene man sich mit der Analyse des Materials befindet. Geht es um eine Untersuchung im soziolinguistischen Kontext, so finden sich bei GUMPERZ und MYERS-SCOTTON geeignete Anschlusspunkte. Für Untersuchungen, die sich auf situationsspezifische Code-

Switching-Ereignisse beziehen, können Texte von AUER, LI WEI und ALVAREZ-CÁCCAMO herangezogen werden. In Bezug auf kontaktlinguistische Phänomene bietet sich BULLOCK/TORIBIO (2009) an.

Wie hängt Code-Switching nun also mit Mehrsprachigkeit zusammen? MUYSKEN (2000: 1) zitiert WEINREICH (1953: 73) und erklärt, dass Mehrsprachigkeit gewissen Konventionen unterliegt: „An ideal bilingual 'switches from one language according to appropriate changes in the speech situation (interlocutor, topics, etc.) but not in an unchanged speech situation and centainly not within a single sentence.'" Weiter gibt MUYSKEN (2000: 2) – aus Beobachtungen heraus – allerdings zu bedenken: „many bilinguals will produce mixed sentences in ordinary conversations." Der fließende und mit großer Leichtigkeit vollzogene Wechsel stelle für einige Sprecher unter gewissen Umständen den unmarkierten Code dar (MYERS-SCOTTON 1993, zitiert nach MUYSKEN 2000: 2). Auch solle der gekonnte Wechsel zeigen, dass die mehrsprachige Person alle beteiligten Sprachen sowie den Sprachwechsel an sich gut beherrscht (POPLACK 1980, NORTIER 1990, zitiert nach MUYSKEN 2000: 2). Es gibt demnach verschiedene Möglichkeiten, die Sprache zu wechseln.

3.3 Code-Switching und Code-Mixing

In der jüngeren Forschungsliteratur wird Code-Switching häufig vom Phänomen des Code-Mixings getrennt (zum Beispiel MUYSKEN 2000). Code-Switching tritt nach Meinung der Forscher dann auf, wenn der Sprachwechsel innerhalb eines einzelnen Sprechereignisses stattfindet, von Code-Mixing wird gesprochen, wenn der Sprachwechsel innerhalb eines Satzes vonstatten geht. WEINREICH (1953), der eingangs zitiert wurde, würde das Phänomen des Code-Mixings also für verwerflich halten. Dennoch finden sich viele Situationen, in denen es zu diesem Phänomen kommt. Nach MUYSKEN (2000: 3) gibt es drei verschiedene Prozesse des Code-Mixings:

- Insertion von Material aus einer Sprache in die Struktur einer anderen Sprache,
- Alternation zwischen Strukturen aus verschiedenen Sprachen und
- kongruente Lexikalisierung von Material aus verschiedenen lexikalischen Beständen in eine gemeinsame grammtikalische Struktur.

Der Begriff Code-Switching wird von MUYSKEN vermieden, da durch ihn häufig Alternation in den Gegensatz zu Einfügungen gestellt und Code-Mixing zu stark von Entlehnung und Insertion getrennt wird. Auch ist das jeweils anzutreffende Phänomen von den verwendeten Sprachen abhängig, MYERS-SCOTTON verwendet hierfür den Begriff „lineare Äquivalenz" (MYERS-SCOTTON 1993, zitiert in MUYSKEN 2000). Wenn also zwei Sprachen eine ähnliche Struktur aufweisen, ist es möglich, mit dem jeweiligen Sprachmaterial zu variieren und es fällt leichter, die Codes miteinander zu vermischen. Liegen unterschiedliche grammtikalische Strukturen vor, so muss darauf geachtet werden, dass die gesamte Phrase an die jeweils andere Struktur angepasst wird, damit der Sinn des Gesagten erhalten bleibt.[4]

Im zu untersuchenden Material fällt auch auf, dass die Möglichkeit besteht, die in der Muttersprache geäußerte Phrase in eine als allgemein bekannt vorausgesetzte und von den Anwesenden mutmaßlich beherrschte Sprache zu übersetzen, wie in der folgenden Verabschiedungssequenz in Beispiel 18 aus einem Gespräch im IRC in Zeile 7 zu erkennen ist:

---

1 ⟨04:06⟩ <doria> i go to sleep so gute nacht :))
[...]
2 ⟨04:06⟩ <Jawollja1180> nachti doria
3 ⟨04:06⟩ <zapf2000> buenas noches susana :)))
4 ⟨04:06⟩ <SheOne> Bye Bye @doria have a nice dream
5 ⟨04:06⟩ <barraweck> sleep well, susana :)
6 ⟨04:07⟩ <zapf2000> sueños muy agradables :)))
7 ⟨04:07⟩ <doria> felices sueños.. nice dreams :))

Beispiel 1: doria2.log

Auf diese Weise antwortet die Teilnehmerin auf die in spanischer und englischer Sprache verfassten Beiträge. In Zeile 1 liegt eine kongruente Lexikalisierung vor, Sprachmaterial aus dem Deutschen wird in die gemeinsame grammatikalische Struktur übertragen, es findet ein fließender Wechsel vom Englischen ins Deutsche statt und wird in Zeile 2 mit einem deutschsprachigen Beitrag beantwortet. Der Ge-

[4]Konkrete Beispiele hierfür finden sich in MUYSKEN (2000: 15f.).

sprächsteilnehmer, der in Zeile 3 (weiterführend in Zeile 6) in spanischer Sprache antwortet, besitzt das Wissen darüber, dass es sich bei dorias Muttersprache um Spanisch handelt und reagiert daher auf Spanisch auf ihre Verabschiedung, was in Zeile 7 von doria quittiert und anschließend noch für jene, die potenziell kein Spanisch beherrschen, ins Englische übersetzt wird. Die einzelnen Formen, die im Korpus zu finden sind, werden in Kapitel 5.2 noch näher erläutert.

Im Bereich des Code-Mixings ist MUYSKEN heranzuziehen, der für dieses Thema einen guten Überblick liefert. Es ist notwendig, einige Code-Switching-Ereignisse vom Phänomen des Code-Mixings zu trennen und das zu untersuchende Material dahingehend zu prüfen, welche Verfahren angewendet werden, um Sprachen zu mischen. Tritt der Sprachwechsel innerhalb eines einzigen Sprechereignisses ein, so ist demnach von Code-Mixing zu sprechen, vollzieht sich der Wechsel nach einem abgeschlossenen Satz, so kann dieser dem Code-Switching zugeordnet werden.

3.4 Sozio- und psycholinguistische Faktoren

Soziolinguistisch betrachtet sind in Bezug auf Mehrsprachigkeit, und damit einhergehend das linguistische Repertoire eines Sprechers, zwei wichtige Tatsachen von Bedeutung:

> „First [...] people typically speak more than one language because an extra language does important '**social work**' for them. When speakers

> add another language to their repertoires, they almost always do so for one reason – because **that language will be useful to them** in their community, or in another community that they want to join. [...] Second, although we can refer to the linguistic repertoire of a given community as a composite of all the varieties spoken there, not all people in that community speak the same varieties; that is, individuals have **individualized linguistic repertoires**. What makes the difference across individuals are their needs and desires to learn different languages, but perhaps even more so, their opportunities to learn them."
> (MYERS-SCOTTON 2006: 37f., Hervorhebungen im Original)

Es geht also darum, dass eine zweite oder dritte Sprache hilfreich für den Sprecher ist und ihm ein größeres Spektrum an Kommunikationsmöglichkeiten bietet, so dass er in der Lage ist, sich an alle möglichen Situationen innerhalb einer Gemeinschaft, der er zugehörig ist oder künftig zugehörig sein möchte, anzupassen. Zudem sind linguistische Repertoires individuell, das heißt, dass das Talent oder die Notwendigkeit, eine andere Sprache zu erlernen, vom jeweiligen Sprachbenutzer abhängt, was bedeutet, dass mehrere Menschen nicht über ein- und dieselbe Sprachkompetenz verfügen können.

Bezüglich der eigentlichen Thematik des Code-Switchings zeigt ALVAREZ-CÁCCAMO (1998), dass es nicht zwingend notwendig ist, die Sprache zu wechseln, um sich einer bestimmten Gruppe zugehörig zu zeigen. Vielmehr kann dies durch einen Wechsel der Sprachebene oder des Stils bedeutet werden, der jeweils gewählte Code ist situationsabhängig und kann auch eine Mischung von Grammatik, Lexik oder Prosodie zweier Sprachen miteinander darstellen. Im soziolinguistischen Kontext ist hier also Gruppenzugehörigkeit und das nach Außen tragen der Identifikation mit dieser Gruppe von Bedeutung. Auch BULLOCK/TORIBIO (2009) sind dieser Ansicht und stellen fest, dass Code-Switching eng mit Gruppenzugehörigkeit und Solidarität verbunden ist. In manchen Gebieten bringt der Sprachenwechsel auch ein hohes Maß an Prestige mit sich. Andererseits gibt es auch mehrsprachige Sprecher, die den Code-Wechsel nur um seiner selbst Willen betreiben, schlicht weil sie dazu in der Lage sind, und oftmals sogar ohne es zu bemerken. Andere bilinguale Sprecher vermeiden Code-Switching, da das Phänomen in gewisser Weise immer noch stigmatisiert ist. So kann es in bestimmten Kontexten oder bei falscher Verwendung (Beispiele bei BULLOCK/TORIBIO 2009: 11ff.) negativ konnotiert sein und ebenso bewertet werden. Nicht zu vernachlässigen ist auch, dass Sprach- und Sprechergemeinschaften in der Geschichte häufig andere Sprachen aufgezwungen wurden, sei es durch Kolonialisierung, Eroberung, Vereinigung oder auch Deportation. In diesen Fällen mussten sich die Menschen andere Sprachen aneignen, um zu überleben. Allerdings wurde oftmals noch an der Ursprungssprache festgehalten, so dass es auch hier zu Code-Switching kommen musste. Ferner muss die Frage danach gestellt werden, wie sich die parallel zueinander verwendeten Sprachen im Laufe der Zeit entwickeln, es kann zu Mischsprachen kommen oder die eine kann die andere als Hauptsprache ersetzen. In jedem Fall ist Code-Switching auch in diesem Bereich des gesellschaftlichen Lebens relevant.

Im psycholinguistischen Zusammenhang wurde von Forschern häufig die Frage danach gestellt, wie das Gehirn von Kindern, die mehrsprachig aufwachsen, im Gegensatz zu Einsprachigen aufgebaut ist, welche Veränderungen sich also durch die Mehrsprachigkeit ergeben. Auch war es ein Anliegen, zu klären, wie sich beim Beherrschen zweier Sprachen die Kompetenz in der einen zu der in der anderen verhält. Im 19. Jahrhundert noch war LAURIE (zitiert nach LI WEI 2000: 16), ein Professor an der Cambridge University, der Auffassung, dass die Annahme, der Verstand und der Intellekt eines Kindes, das zwei Sprachen gleich gut beherrscht, dadurch doppelt so groß würde, falsch sei. Stattdessen würden sich diese Faktoren halbieren und das Kind habe große mentale und charakterliche Schwierigkeiten, sich zu behaupten. SAER (zitiert nach LI WEI 2000) führte im Jahr 1923 eine Untersuchung durch, in der sich sowohl zweisprachige als auch einsprachige Kinder und Jugendliche im Alter von sieben bis 14 Jahren aus städtischen und ländlichen Gebieten einem Intelligenztest unterzogen – bei den Sprachen handelte es sich um Englisch und Walisisch –, um festzustellen, dass die zweisprachigen Probanden aus ländlichen Gebieten etwa zehn Intelligenzpunkte weniger erzielen konnten als die einsprachigen. Bei den Probanden aus der Stadt hielten sich die Werte die Waage. Die Ergebnisse, die er aus der Untersuchung zog – nämlich, dass die Testpersonen auf dem Land weniger Intelligenzpunkte erzielten –, führte er darauf zurück, dass zweisprachig aufgewachsene Kinder mental verwirrt und ihre intellektuellen Fähigkeiten nicht mit denen von einsprachig aufgewachsenen vergleichbar seien. Problematisch an dieser vermeintlichen Erkenntnis ist allerdings, dass die zweisprachig aufgewachsenen Kinder in der Stadt mehr Kontakt zur zweiten Sprache – also Englisch – hatten, sei es in der Schule oder in ihrer Freizeit, als die Kinder auf dem Land und somit eine höhere Sprachkompetenz vorweisen konnten. Es handelt sich hier also eher um eine Frage der Übung als um soziopsychologische Schwierigkeiten. Ein weiteres Problem ergibt sich, wenn die Frage nach der Vergleichbarkeit der Ergebnisse – zum Beispiel städtisch im Gegensatz zu ländlich – gestellt wird. Hieraus ist es nicht möglich, einen Zusammenhang zwischen Ursache und Wirkung abzuleiten, da die Lebensverhältnisse zumeist andere sind. Außerdem handelte es sich um Tests, die nur auf die verbale Intelligenz abzielten, wobei die Sprache, in der solche Tests durchgeführt wurden, maßgeblich war. Meist wurden die Kinder in der zweiten, nicht-dominanten Sprache geprüft (Li Wei 2000: 17), was wiederum ein Indiz dafür ist, warum die Kinder, die in der Sprache nicht gleichermaßen trainiert waren wie die anderen, schlechter abschnitten. Somit sind aus den Testergebnissen keine Wahrheiten in Bezug auf die wahre Intelligenz oder das sprachliche Leistungsvermögen der Kinder ableitbar. Ebensowenig können Theorien, dass sich die Sprachkompetenz auf mehrere Sprachen verteilt, statt sich zu erweitern, mit

Intelligenztests dieser Art nicht untermauert werden.

Code-Switching wird also von verschiedenen Forschern von unterschiedlichen Richtungen aus beleuchtet. Der Begriff des Codes steht hierbei meist im Mittelpunkt, da ohne eine adäquate Definition der Terminologie keine Merkmale für den Wechsel desselben ausfindig gemacht werden können. ‚Code' wird im weiteren Verlauf der Studie nicht vor einem sozialen, psychologischen oder kulturellen Hintergrund betrachtet, sondern aus rein sprachlicher Sicht. Die Ursachen für den Wechsel des Codes jedoch können durchaus sozialer oder kultureller Natur sein.
Die zu untersuchenden Gespräche wurden im IRC mitgeschnitten. Nähere Erläuterungen hierfür finden sich in den folgenden Kapiteln.

4 Der IRC

Gerade im Bereich der Chatkommunikation sind im Laufe der letzten 15 bis 20 Jahre zahlreiche Artikel erschienen, die sich vorwieglich mit Interaktionswirklichkeiten im Netz (ROSENAU 2001), gesprächsanalytischen Phänomenen wie Turn-Taking, der Frage danach, um welche Textsorte es sich bei Chatgesprächen handelt (DÜRSCHEID 1999, STORRER 2001, HESS-LÜTTICH/WILDE 2003, HOFFMANN 2004) oder dem Vergleich von Schriftlichkeit und Mündlichkeit (WILDE 2002, BADER 2002) befassen. Ein weiteres Themengebiet erschließt BEISSWENGER (2007) mit der Erforschung der Sprachhandlungskoordination in der Chat-Kommunikation. Weitere Artikel haben auch den Aspekt des Code-Switchings zum Inhalt, allerdings handelt es sich hierbei eher um Phänomene, die mit Dialektverwendung, beispielsweise im Schweizerdeutschen, einhergehen (SIEBENHAAR 2005). Lediglich ANDROUTSOPOULOS und HINNENKAMP (2002) haben Code-Switching zwischen unterschiedlichen Sprachen innerhalb der Chatkommunikation untersucht, nämlich anhand der IRC-Channels #hellas und #turks. Der Artikel thematisiert den Sprachwechsel zwischen Griechisch und Englisch, seltener zwischen Griechisch und Deutsch, beziehungsweise zwischen Türkisch, Deutsch und einigen englischen Wörtern oder Phrasen innerhalb des Chatgeschehens.

HOFFMANN (2004) erachtet den Chat als paradiskursive Form, wobei der Diskurs erst im Fall der Rezeption ersichtlich wird. Dabei orientiert er sich an STORRER (2001), die den Chat als „getipptes Gespräch“ bezeichnet. Produktion und Rezeption werden nach HOFFMANN (2004) voneinander getrennt, der Rezipient kann die Produktion des Textes durch den Gesprächspartner nicht kontrollieren, ebenso wie es dem Produzenten des Beitrags verborgen bleibt, wie der Rezipient auf seinen Text reagiert. Lediglich die spätere Reaktion gibt Aufschluss darüber, wie der Gesprächsbeitrag aufgenommen wurde.

Ein wesentlicher Vorteil der Chatkommunikation zeigt sich darin, dass die Texte jederzeit gespeichert werden können. Sie überwinden dadurch zeitliche Räume ebenso wie – auf transportablen Datenträgern gespeichert – auch örtliche. Zusätzlich bleiben die Daten für weitere Rezeptionen zugänglich, was es dem Chatter ermöglicht, immer wieder nachzulesen, was zu einem bestimmten Zeitpunkt von einem Gesprächspartner geschrieben wurde und jenem, der das Material analysieren oder untersuchen will, ist so die Möglichkeit gegeben, dies ohne großen Aufwand zu tun.

HOFFMANN (2004) sieht Chat als

> „[...] ein kollektives Kommunikationsprodukt. Erfolg hat, worauf andere sich einlassen. Das kollektive Produkt Chat kommt zustande aufgrund eines zweckorientierten Egozentrismus der Teilnehmer, der stets einzelne Initiativen aussondert. Die Kohärenz stellt sich im Kopf her. Wer zu spät kommt, ist chancenlos. Die potenziellen Adressaten sind immer schon partiell in ihrer Aufmerksamkeit gebunden. Wichtiges kann intervenieren. Interferierendes

muss überboten werden."

HOFFMANN (2004: 5)

Der neu Ankommende muss das Interesse der Anwesenden also auf sich lenken, wenn er an der Kommunikation teilnehmen will und sich in die bereits vorhandenen Themen einfügen. Dass die potenziellen Adressaten immer bereits partiell in ihrer Aufmerksamkeit gebunden sind, ist streitbar. Es ist sehr häufig der Fall, dass das Gespräch durch Chatter, die neu ankommen, entweder unterbrochen oder dass der Neuankömmling direkt involviert wird. Auch im Chat ist es – ähnlich wie beim Code-Switching – von der aktuellen Gesprächssituation ebenso abhängig wie von den anwesenden Teilnehmern und der Kompetenz des Neuankömmlings in Bezug auf Sprache, Wortwahl oder Eingliederung in das behandelte Thema. Diesbezüglich lassen sich keine allgemeinen oder allumfassenden Wahrheiten präsentieren, der Chat soll eine ungezwungene Plauderei zum Gegenstand haben. Ein Vorteil, den viele Chatter darin sehen, ist eben diese Ungezwungenheit und der Mangel an Konventionen, an die sie sich halten oder nach denen sie sich richten müssen. Mit jedem Chatter, der den Raum betritt, tut sich die Möglichkeit für alle Anwesenden auf, das Thema zu ändern oder ein neues zu beginnen, unabhängig davon, worüber in der laufenden Unterhaltung geplaudert wird.

In den folgenden Kapiteln wird auf die Besonderheiten des IRC eingegangen. Hier ist vor allem die Umgebung, in der interagiert wird, von großer Wichtigkeit sowie die Eigenschaften, die der IRC im Gegensatz zu mündlichen Gesprächen bietet. Ferner wird er von anderen Chatsystemen abgegrenzt. Des Weiteren wird auf die Frage eingegangen, welcher Gattung die Chatkommunikation zugeordnet werden kann, da es sich hier um eine Mischform von mündlicher und schriftlicher Sprache handelt. Die Tatsache, dass es sich hierbei um eine nahezu synchrone Kommunikationsform handelt, wird ebenso thematisiert wie sozio- und psycholinguistische Faktoren, die für Gespräche im Chat von Bedeutung sind.

4.1 Umgebung

Der Internet Relay Chat – kurz IRC – stellt eine textbasierte Internetplattform dar, auf der es Nutzern ermöglicht wird, in Echtzeit zu interagieren. Hierbei ist es notwendig, sich über einen Server vermittels eines Programms – IRC-Client genannt, Beispiele hierfür sind XChat oder mIRC – in einen oder mehrere Kanäle – sogenannte Channels – einzuloggen. Die von den einzelnen Chattern geschriebenen Texte werden durch das Drücken der Enter-Taste an den IRC-Server übermittelt und erscheinen in der Reihenfolge, in der sie beim Server ankommen, auf den Bildschirmen aller eingewählten Benutzer. Wenn also mehrere sogenannte Postings auf einmal von verschiedenen Nutzern abgeschickt werden, erscheint jener Beitrag als erstes auf dem Monitor, der auch als erstes beim Server ankommt. Dies kann unabhängig davon sein, wann das Geschriebene abgeschickt wurde und hängt vor allem von der Schnelligkeit der Internet-Verbindung der Benutzer oder der Stabilität des Servers ab. Meist handelt es sich bei den Verzögerungen allerdings nur um Bruchteile von Sekunden.

In den meisten Fällen sind die Gespräche – im Gegensatz zu Mitschnitten aus Webchats größerer UKW-Radiosender wie Bayern3 oder Antenne Bayern – leicht zu überschauen und nachzuvollziehen. Auch ergeben sich aus dem grafischen Interface des IRC Vorteile gegenüber dem Webchat, und zwar dergestalt, dass sowohl jeder Beitrag mit einem ‚Timestamp' – also einem Zeitstempel – versehen wird, was die genaue Einordnung zeitlicher Abläufe auch nachträglich noch, wenn gewünscht sogar sekundengenau, ermöglicht, als auch dass die Nutzerliste bei den meisten Clients automatisch angezeigt wird und somit direkt ersichtlich ist, wer anwesend ist. Dies ist im Webchat nicht immer der Fall. Zur Analyse von Chatgesprächen bietet sich auch am Ehesten der IRC an, da durch eine Einstellung im Client die Verlaufsprotokolle oder Mitschnitte – auch Chatlogs, Logfiles oder kurz Logs genannt – auf der Festplatte des Benutzers gespeichert werden können. Im Webchat müsste man, zumindest als Außenstehender, der keinen Kontakt zum Administrator aufnehmen kann, jede einzelne Passage kopieren und manuell speichern. Im IRC kann jeder Nutzer automatisch ein Log von den geführten Gesprächen erstellen lassen und nach Belieben aufbewahren.

Häufig wird der Chat als eine Art ‚Raum im Raum' betrachtet, die Teilnehmer selbst ordnen sich und ihren Channel dem ganzen Internet zugehörig an. Werden deiktische Begriffe verwendet, so stellt sich immer die Frage, auf welchen Raum Bezug genommen wird. Es besteht entweder die Möglichkeit, sich auf den Chatroom zu beziehen oder individuell auf das ‚hier' des entsprechenden Chatters, also zum Beispiel auf sein Zuhause (WILDE 2002). Wird der gemeinsame Bezugsrahmen gewählt, so wird sich eben auf den Channel bezogen, innerhalb dessen auch Verweise stattfinden können. Häufig werden die Bezugspunkte noch ausgeweitet, und zwar auf das gesamte Internet. Wenn beispielsweise Links zu Websites im Channel positioniert werden, um die Argumentation innerhalb eines bestimmten behandelten Themas mit einem Zeitungsartikel oder einem Foto zu untermauern, so findet die Inbezugnahme eines größeren Rahmens statt, nämlich des Raums, innerhalb dessen sich die Benutzer mit ihrem Raum befinden.

Beim IRC handelt es sich also um ein Chatsystem, das klar strukturiert und in Server und Channels aufgeteilt ist, in denen themenbezogen über alle möglichen Belange gesprochen werden kann. Es ist möglich, Mitschnitte durch den Chatclient anfertigen zu lassen, mit Hilfe derer nachträglich alles nachlesbar ist, was geschrieben wurde. Auch deiktische Begriffe müssen im Rahmen des gegebenen Raumes in Betracht gezogen und überprüft werden.

4.2 Eigenschaften

Der IRC ermöglicht es Menschen auf der ganzen Welt, sich mit anderen über Bildschirm und Tastatur zu unterhalten. Ein wesentlicher Aspekt hierbei ist, dass der Nutzer sich für gewöhnlich nicht über eine Website in das Chatgeschehen einloggt, sondern mit Hilfe eines Clients, also eines Chatprogramms, gezielt einen Server betritt, auf dem sich verschiedene Channels befinden, in denen er mit anderen interagieren kann. So existieren zu allen möglichen Bereichen rund um das Internet themenbasierte Channels oder sogar ganze Netzwerke – aber auch solche, die nur dazu da sind, dass User sich via Chat ungezwungen miteinander unterhalten können, ohne ein bestimmtes Thema einhalten zu müssen. Die einzelnen Server stellen oft Subkulturen dar, es gibt einige Channels, die den begleitenden Chat zu servereigenen Webradios stellen, oft findet sich mindestens ein Flirt-Channel, der zur Partnersuche dienen soll, Beratungschannels, die offene Fragen rund um den IRC oder das betreffende Netzwerk behandeln oder sogar Seelsorge-Channels, in denen sich die Benutzer ihre Probleme anonym von der Seele reden können. Da es sehr viele solcher Netzwerke gibt, ist die Auswahl auch entsprechend groß. Es handelt sich hierbei um rein textbasierte Chats, die nicht mit grafischen Besonderheiten – wie animierten Smileys oder ähnlichem – ausgestattet sind, so dass lediglich mit Hilfe der auf der Tastatur zur Verfügung stehenden Zeichen gearbeitet werden kann. Die Vielzahl der Channels und auch die Möglichkeit, selbst einen eigenen Channel zu einem bestimmten Thema eröffnen zu können, lässt den IRC attraktiv erscheinen. Jeder Nutzer kann darüber hinaus mit anderen aktiven Nutzern per sogenanntem Notice ‚flüstern' oder Querys – also private, auf zwei Nutzer beschränkte Räume – eröffnen.

Der IRC verfügt über eine eigene Hierarchie, es gibt IRC-Operatoren – kurz IRCOps genannt – die für die Belange des Netzwerkes zuständig sind und über die Möglichkeit verfügen, andere Benutzer vom Server zu ‚bannen', also in allen

Channels vom Chat auszuschließen, sie für kurze Zeit ruhig zu stellen oder auch aus einzelnen Channels zu entfernen. Die Channels selbst verfügen ihrerseits über Operatoren, die lediglich in der Lage sind, Nutzer aus jenem Channel zu kicken oder zu bannen, in dem sie Operator-Rechte besitzen. Auch können sie anderen die gleichen Rechte erteilen oder wegnehmen, wenn die Nutzer gegen bestehende Regeln oder Konventionen verstoßen, oder sie es aus anderen Gründen für notwendig erachten. Grundsätzlich ist dies mit dem ‚Hausrecht' vergleichbar (ROSENAU 2001). Der Hausherr verfügt über die Möglichkeit, jemanden, der sich nicht entsprechend gewisser Verhaltenskodizes verhält, aus seiner Wohnung und somit seinem privaten Geltungsbereich zu entfernen. Ähnlich verhält es sich in einem Channel, wo sich ein Nutzer beispielsweise nach mehrfacher Ermahnung verweigert, sich an die aufgestellten Grundregeln zu halten. In diesem Fall ist es einem Operator möglich, das Fehlverhalten durch Ausschluss des Nutzers aus dem Channel zu ahnden.

Es ist nicht selbstverständlich, dass im IRC Mehrsprachigkeit zugelassen wird. In einigen Channels wird das Benutzen von Sprachen, die nicht alle Teilnehmer verstehen, die also nicht den allgemein gebräuchlichen Code darstellt, durch Kick oder Bann geahndet. Darauf wird in Kapitel 5.1.4 noch näher eingegangen.

Größtenteils wird bei den Benutzern des IRC auf Groß- und Kleinschreibung verzichtet, nur wenige Chatter bedienen sich der Konvention, Substantive groß zu schreiben. Meist wird es auf Grund von Bequemlichkeit unterlassen. Auch auf korrekte Rechtschreibung wird häufig nicht geachtet, so finden sich immer wieder Fehler in den Mitschnitten. Tipp- oder Flüchtigkeitsfehler werden von den Benutzern häufig korrigiert. Wie solche Korrekturen realisiert werden, zeigen die folgenden Beispiele aus den Mitschnitten im IRC-Channel #ggrn.de.

```
1  ⟨01:52⟩ <eagle|one> good night susanna
2  ⟨01:52⟩ <zapf2000> n8i susana
3  ⟨01:52⟩ <eagle|one> −n
```

Beispiel 2: aus doria23.log

In Beispiel 2 ist es eagle | one, der bei dem Namen Susana ein ‚n' zu viel eingegeben hat. Als zapf2000 sie dann verabschiedet, erkennt er seinen Fehler und korrigiert ihn nachträglich, indem er in einem weiteren Beitrag „-n" schreibt, also das überflüssige ‚n' sozusagen aus seinem ersten Beitrag heraussubstrahiert. Die Verbesserung wird also häufig dadurch realisiert, dass das falsche Zeichen durch ‚-' entfernt und das richtige durch ‚+' eingesetzt wird, wie in den Beispielen 3 und 4 dargestellt ist.

```
1  ⟨01:49⟩ <max> da gibts gemeine trockfragen
2  ⟨01:49⟩ <max> −o+i
```

Beispiel 3: aus doria7.log

⟨08:15⟩ <barrachash> tschüs mein goldenel
⟨08:15⟩ <Apis_Apophis> ^^
⟨08:15⟩ <barrachash> +g ... oder −n +s

Beispiel 4: aus ges.log

Dieses Vorgehen kann unter Umständen zu Verwirrung führen, weil die anderen anwesenden Benutzer erst nachvollziehen müssen, wo der Buchstabe weggenommen werden muss. Das kostet Zeit und kann – wenn der Satz dennoch verständlich gewesen ist – problemlos ‚überlesen', also ignoriert, werden. Von Zeit zu Zeit kommt es allerdings auch vor, dass völlig entstellte Sätze abgeschickt werden, so dass die Benutzer einige Zeit brauchen, um den Beitrag zu entziffern. In diesen Fällen ist eine Korrektur sehr notwendig.

Manchmal wird, wie in Beispiel 5, ein fehlendes Zeichen auch in der nächsten Zeile einfach ohne Markierung nachgereicht. Maßgeblich hierfür ist, wann der Fehler bemerkt wird. Hat der Benutzer einfach zu schnell die Enter-Taste betätigt und merkt sofort, dass ihm ein Fehler unterlaufen ist, kann er das fehlende Zeichen ad hoc nachreichen, ohne dass ein anderer Benutzer die Zeit hat, das fehlende Zeichen zu bemerken und einen kritischen Kommentar dazu abzugeben.

```
⟨01:25⟩ <eagle|one> jaha *abfeier
⟨01:25⟩ <eagle|one> *
```

Beispiel 5: aus doria23.log

Neben den verschiedenen Varianten im Bereich der Korrekturen gibt es noch eine andere Besonderheit innerhalb der Chatkommunikation. So gibt es unterschiedliche Möglichkeiten, auf sich selbst zu verweisen, wie die folgenden Beispiele zeigen:

```
⟨01:26⟩ <Jawollja1180> <-- wars nich :)
```

Beispiel 6: aus doria23.log

Hier wird die Zuschreibung mit einem Pfeil auf den Nicknamen und somit symbolisch auf den Benutzer signalisiert. Hierbei handelt es sich gewissermaßen um ein IRC-eigenes Stilmittel, die Benutzerin hätte hier ohne weiteres auch ‚ich wars nich' schreiben können, ohne dass es wesentlich mehr an Aufwand bedurft hätte.

Selbstzuschreibungen werden häufig dazu genutzt, andere Teilnehmer darüber zu informieren, was man gerade tut, ohne dabei jemanden anzusprechen oder einen Beitrag zum allgemeinen Gespräch im Channel zu leisten. So wird in Beispiel 7 die Verwendung eines IRC-typischen Befehls, nämlich des /me-commands, gezeigt.

1 ⟨02:25⟩ * SliMe|amEinschlafen macht aber jetzt ma heia ...

Beispiel 7: aus doria9.log

Der Benutzer gibt als Befehl ‚/me macht aber jetzt ma heia...' in die Eingabezeile ein und alle Anwesenden erhalten „SliMe | amEinschlafen macht aber jetzt ma heia..." als Ausgabe. Bei der Verwendung dieses Kommandos ist darauf zu achten, dass in der dritten Person von sich gesprochen wird, da sich der Benutzer ansonsten selbst ansprechen und somit den nächsten Turn zuweisen würde. Das Ergebnis wäre etwa jenes, das Beispiel 8 zeigt.

1 ⟨17:42⟩ * Böse_friseuse Gehorche, Feigling ! *Slid*
2 ⟨17:42⟩ * Böse_friseuse Belle wie ein Hund! *Slash*

Beispiel 8: aus ges.log

Zudem ist bei der Benutzung des ‚/me-Kommandos' auf den Satzbau zu achten. Hier sollte die SPO-Form eingehalten werden – wobei ‚/me' als Subjekt fungiert –, um Ausgaben wie in Beispiel 9 zu vermeiden.

1 ⟨04:08⟩ * Chredo lieber doch still ist

Beispiel 9: aus seventh3.log

Es gibt noch eine weitere Sonderform, die es gestattet, die anderen Benutzer darüber zu informieren, was man gerade tut. So verwendet zapf2000 in Beispiel 10 hierfür die in Asterisken gebettete Inflektivform. Näheres dazu wird in Kapitel 4.5 beschrieben.

```
1  ⟨02:27⟩ <zapf2000> *rotebeetemampf*
```

Beispiel 10: aus doria9.log

Zusammenfassend lässt sich sagen, dass der Sinn des Chatsystems IRC darin besteht, den Benutzern eine Plattform zu bieten, vermittels derer sie Kontakte zu anderen Chattern knüpfen und über alle erdenklichen Themen sprechen können. Damit einhergehend lassen sich einige Eigenschaften des IRC erklären. Jedem Chatter steht es frei, einen eigenen Channel mit mehreren Benutzern zu kreieren, andere dorthin einzuladen oder wieder zu entfernen. Außerdem ist es möglich, private Räume zu eröffnen, die auf zwei Benutzer beschränkt sind. Der IRC ist hierarchisiert, es gibt IRC-Operatoren, die für die Belange des Servers zuständig sind und für einen ordnungsgemäßen Ablauf der Gespräche sorgen. Sie haben die Möglichkeit, Störenfriede durch Kicken oder Bannen aus jedem beliebigen Channel oder gleich vom ganzen Server zu entfernen. Einige Besonderheiten weist der IRC im Bereich bestimmter Befehle auf, die in anderen Chatsystemen nicht realisierbar sind (zum Beispiel der ‚/me'-Befehl). Auch andere chattypische Merkmale finden sich in den IRC-Mitschnitten, beispielsweise die nachträgliche Korrektur von Beiträgen oder die Selbstzuschreibung eigener Turns.

4.3 Mischform mündlich/schriftlich

Viele Untersuchungen in den letzten Jahren zielen auf die Gattungsfrage von Dialogen im Chat ab. Es wird häufig die Frage gestellt, ob sich bei der Untersuchung der Sprache im Chat der Diskurs- (STORRER 2001, HOFFMANN 2004), Text- oder der Gesprächsanalyse (DÜRSCHEID 1999, HESS-LÜTTICH/WILDE 2003, THALER 2005) bedient werden sollte, ob es sich hierbei also um Texte oder um Gespräche handelt. Die Problematik ergibt sich daraus, dass nahezu alle Merkmale eines Gespräches erfüllt sind, bis auf die eine notwendige Bedingung, die das Gespräch im eigentlichen Sinne ausmacht, nämlich, dass eben nicht gesprochen, sondern geschrieben wird und es sich zunächst um eine Kommunikationsform handelt, die im Zuge der Produktion dem mündlichen Gespräch sehr ähnelt, in der Rezeption allerdings einen diskursiven Charakter erhält (HOFFMANN 2004). Chat lässt sich damit einhergehend also als eine paradiskursive Form bezeichnen. Einig sind sich die Forscher gemeinhin darüber, dass Chatkommunikation nicht in die Kategorie des Textes eingeordnet werden sollte. Vielmehr ist hier eine Erweiterung der Definition des Untersuchungsgegenstandes der Gesprächsforschung notwendig (DÜRSCHEID 1999). Ein nicht zu vernachlässigendes Merkmal der Chatkommunikation ist, dass sie meist nicht auf einer formellen Sprachebene erfolgt, sondern dass Umgangssprache und sogar regionale prosodische Mittel (beispielsweise ‚habsch' anstelle von ‚habe ich' bei sächsischen Chatteilnehmern) oder Dialekt, sowohl auf syntaktischer als auch auf lexikalischer Ebene, einfließen kann. Es werden hier also gattungsspezifische Grenzen aufgebrochen und geradezu spielerisch verarbeitet, was sowohl Einordnung als auch Analyse erschwert. Bei STORRER (2001) ist in diesem Kontext von einem „getippten Gespräch" die Rede. Diese Definition wird auch für diese Studie angenommen und daher ist im Folgenden immer wieder der Begriff des Gesprächs verwendet, wenn es eigentlich um den paradiskursiven Gegenstand der Chatkommunikation geht.

In der Chatkommunikation ergeben sich die Zuweisungen der Turns per Fremdwahl aus dem Kontext heraus oder durch direktes Ansprechen über den Nicknamen. Die Teilnehmer können sich auch jederzeit durch Selbstwahl in das Gespräch einbringen. Im Gegensatz zum mündlichen Gespräch besteht im schriftlichen der Vorteil, dass es nicht zu Überlappungen kommt. Die Eingaben der einzelnen Nutzer werden in der Reihenfolge an die Anwesenden ausgegeben, in der sie beim Server eintreffen. So haben auch Gesprächsteilnehmer, die im mündlichen Gespräch eher zurückhaltend sind und auf Sprechpausen der anderen warten, um etwas zu sagen, die Möglichkeit, aktiv auf die Entwicklung der Unterhaltung einzuwirken. Das kann dazu führen, dass eine Diskussion kompakter gehalten wird, weil in kürzerer Zeit mehr Gesprächsteilnehmer ihre Meinung äußern können. Im mündlichen Gespräch müsste jeder einzelne Sprecher zunächst angehört werden, es käme möglicherweise zu Unterbrechungen oder würde zu Überlappungen führen und Verständigungsschwierigkeiten auslösen. Auch ist es im Chat nicht möglich, einen anderen Teilnehmer durch Heben der Stimme zu übertönen, allerdings führt dies auch zu dem Ergebnis, dass Emotionen auf diese Weise nicht so deutlich zum Ausdruck gebracht werden können, wie in der Face-to-Face-Kommunikation. Andererseits verlangt die hohe Frequenz der Äußerungen im Chat den anderen Teilnehmern ein großes Maß an Lesekompetenz ab. Ein Teilnehmer, der langsamer liest und somit nicht alle Argumente sofort erfassen kann, bleibt auf Dauer außen vor, da ihm aufgrund der Geschwindigkeit des Gesprächsverlaufs die Zeit fehlt, eigene Beiträge durch Eintippen zu produzieren. Nicht jeder Chatbenutzer verfügt über die Kompetenz, gleichzeitig das Geschriebene der anderen Teilnehmer zu lesen und selbst einen Beitrag in Form einer Eingabe über die Tastatur zu tätigen, wie in Beispiel 11 ersichtlich wird. Für geübte Chatter stellt dies ein vernachlässigbares Problem dar.

---

1 ⟨03:11⟩ <TequilaSunset> Das Dumme ist, wenn ich Ortgraphie acht, schribe ich noch langsamer –
2 ⟨03:11⟩ <TequilaSunset> –und ihr habt das thema längst abgekaaut
3 ⟨03:12⟩ <TequilaSunset> –wenn ich noch bescheiden meinen beitrag leisten / unaufgefordert meinen senf dazugeben will .;)
4 ⟨03:13⟩ <TequilaSunset> redet ihr meist über was ganz andderes

---

Beispiel 11: aus ges.log

In einigen Belangen weist die Chat-Kommunikation signifikante Ähnlichkeiten mit einem mündlich geführten Gespräch auf. So sind Produktion und Rezeption im Chat direkt aneinander gekoppelt, es ist ein ständiger Sprecherwechsel zu verzeichnen, ferner besitzen Unterhaltungen im Chat eine dialogische Struktur, wodurch sie die konstitutiven Merkmale eines Gesprächs tragen (DÜRSCHEID 1999). Die Rederechtvergabe erfolgt entweder durch Selbstwahl oder durch direktes Ansprechen einzelner Chatpartner, also durch Fremdwahl. Dabei wird oftmals von der Möglichkeit der Selbstwahl Gebrauch gemacht, da, wie bereits zuvor erläutert, im Chat - entgegen den Gegebenheiten, denen die gesprochene Sprache unterliegt - keine Überlappungen oder Unterbrechungen vorkommen können. Das liegt daran, dass die einzelnen Beiträge eben nicht völlig synchron sind, also nicht pro eingegebenem Buchstaben auf dem Bildschirm des Gegenübers erscheinen, sondern erst als gesamter Beitrag mit Drücken der Entertaste und je nach zeitlichem Eintreffen auf dem Server. Auch ist die Sprache wesentlich informeller als in Texten, die nicht dialogisch ausgerichtet sind. Der Grund hierfür ist darin zu suchen, dass in einem informellen, familiären Plausch – was der Chat im Grunde darstellen soll – meist nicht die höchste Sprachebene, also der Nationalstandard, angestrebt wird, sondern tendenziell eine umgangssprachliche Variante. Die eigentliche Idee des Chattens ist nämlich die, Gespräche, die ebenso mündlich geführt werden könnten, über größere Distanzen hinweg führen zu können, ebenso wie beim Telefonieren. Demgegenüber hat der Chat allerdings einen Vorteil, der sich dahingehend auswirkt, dass der Gesprächspartner nebenher andere Dinge erledigen kann, von denen das Gegenüber nicht unbedingt etwas bemerkt oder zeitgleich mit anderen Teilnehmern interagieren kann. Ein Nachteil – der von einigen Chatteilnehmern natürlich auch als Vorteil gesehen werden kann – ist die Frage nach der Interaktionswirklichkeit, einhergehend mit der Anonymität der Chatter. Man kann zunächst nicht wissen, wer sich hinter dem Nicknamen, also dem Pseudonym, unter dem der Chatpartner seine Beiträge verfasst und veröffentlicht, verbirgt und ob die betreffende Person wirklich die Wahrheit sagt oder sich lediglich einen Scherz erlaubt (BEISSWENGER 2000).

Im Mittelpunkt der Forschung zum Thema Chat steht in vielen Studien die Frage danach, in welchen Forschungsbereich diese Form eingeordnet werden kann. Während einige Forscher sie im Bereich des Gesprächs verorten (DÜRSCHEID, HESS-LÜTTICH/WILDE), stellt der Chat für andere (STOR-

RER, HOFFMANN) eine Diskursform dar. Der Chat könnte also einerseits als ‚paradiskursive Form' nach HOFFMANN und andererseits als ‚getipptes Gespräch' nach STORRER beschrieben werden. Es muss bedacht werden, dass es sich beim Chat in der Produktionsphase um ein Gespräch handelt, das beim Rezipieren einen diskursiven Charakter erhält. Trotz der Schwierigkeiten bei der Einordnung als Gespräch lassen sich einige Untersuchungstechniken der Gesprächsanalyse problemlos auf den Chat anwenden, bei anderen treten hier Schwierigkeiten auf. Dadurch dass es sich um geschriebene Sprache im fernkommunikativen Rahmen handelt, fallen prosodische Mittel ebenso weg wie andere non- und paraverbale Merkmale wie Mimik und Gestik, was die Verifikation dessen, was die anderen Chatteilnehmer schreiben, erschwert.

4.4 Synchronizität

Der Chat stellt – obwohl das Gespräch in geschriebener Sprache stattfindet – eine nahezu synchrone Kommunikationsform dar. Die Beteiligten befinden sich zur gleichen Zeit vor ihren Monitoren und Tastaturen, was ihnen ermöglicht, direkt und zeitnah aufeinander zur reagieren, wenn nötig prompt zu intervenieren oder Störungen innerhalb der Kommunikation ad hoc aus der Welt zu schaffen. Es existieren verschiedene Möglichkeiten der Kommunikation wie One-to-One-, One-to-Many- oder Many-to-One-Communication (ROSENAU 2001). Hierbei kommt es natürlich auf das jeweils zu diskutierende Thema an. So kann es durchaus vorkommen, dass mehrere Teilnehmer sich auf einen einzelnen Nutzer beziehen und ihre Meinung zu einem vom Einzelnen in den Raum gestellten Thema abgeben. Zusätzlich besteht die Möglichkeit, sich an vielen Gesprächen gleichzeitig zu beteiligen, da keine Überlappungen entstehen, wie in gesprochener Sprache, wo es unmöglich ist, dass mehrere inhaltlich unterschiedliche Gespräche zur gleichen Zeit geführt werden. Dies würde zu Störungen führen und die Gesprächsteilnehmer verwirren. Zusätzlich spielt das Kriterium der Höflichkeit eine Rolle. Die einzelnen Gesprächsteilnehmer in mündlichen Gesprächen sollen sich nicht dadurch vernachlässigt fühlen, dass gleichzeitig mit mehreren Beteiligten über verschiedene Themen diskutiert wird. Demgegenüber wird im Chat – aufgrund der Synchronizität – an den einzelnen Nutzer die Anforderung gestellt, die Beiträge von möglichst vielen anderen Chatteilnehmern zu beantworten und auf sie einzugehen. Hohes Ansehen in der Gemeinschaft genießt meist, wer in der Lage ist, sich an mehreren Gesprächen gleichzeitig zu beteiligen. Dies ist eine Frage von Schnelligkeit im Bedienen der Tastatur und Flexibilität des Einzelnen zur schnellen Erfassung des Geschriebenen. In öffentlichen Channels darf sich jeder Teilnehmer an jedem thematisierten Gespräch beteiligen, was zur Folge hat, dass die Mitschnitte auf den ersten Blick oft chaotisch erscheinen mögen, da es im Nachhinein relativ schwierig ist, die einzelnen Gesprächsbeiträge einem Thema zuzuordnen. Allerdings kann man hier ebenfalls den Vorteil erkennen, dass mehrere Gespräche gleichzeitig geführt werden können. Selbstverständlich kommt es auch vor, dass Fragen nicht beantwortet oder bestimmte Themen nicht vertieft werden, was einerseits daran liegen kann, dass die Beiträge durch die subjektive Wichtigkeit eines anderen Themas schlicht untergehen oder dass andererseits bewusst auf die Beantwortung des sogenannten Postings verzichtet wird. HOFFMANN (2004) stellt dies teilweise in Frage, indem er mit dem Begriff Asynchronie agiert, weil der Text zunächst produziert und schließlich rezipiert werden muss, was nicht synchron erfolgt, wie in einem mündlichen Gespräch. Erst nach dem Rezipieren kann der Gesprächspartner auf den anderen eingehen und seinerseits wieder einen Text produzieren, auf den der Interaktionspartner warten muss. Allerdings muss hier differenziert werden, da immer noch die Möglichkeit besteht, auf andere Gespräche einzugehen, während jener Gesprächspartner, der gerade einen Text produziert, noch mit dem Schreiben beschäftigt ist. Ein geübter Chatter hat sehr selten Leerlauf während der Zeit, die er im Chat verbringt, es bietet sich immer wieder die Gelegenheit, anderweitig zu interagieren.

Es handelt sich beim Chat also um eine nahezu synchrone Gesprächsform, innerhalb derer Vermischungen von Gesprächen stattfinden können, auch ist die Möglichkeit gegeben, dass mehrere Unterhaltungen parallel ablaufen, was die thematische Zuordnung der einzelnen Gesprächsstränge erschwert. Es bestehen sowohl die Möglichkeiten, dass sich zwei Gesprächsteilnehmer miteinander unterhalten oder dass mehrere Teilnehmer sich auf einen Sprecher beziehen als auch, dass ein Sprecher sich an mehreren Gesprächen gleichzeitig beteiligt. In jedem Fall ist an den Benutzer des Chats die Anforderung gestellt, möglichst viele Beiträge anderer zu beantworten, wenn er ins Gespräch involviert bleiben will.

4.5 Kognitive Besonderheiten und Fehlen non- und paraverbaler Ausdrucksmöglichkeiten

Ein Problem der Chatkommunikation, das sich aus der Anonymität dieser Gesprächsform ergibt, ist das Fehlen von non- und paraverbalen Ausdrucksmöglichkeiten. Zwar stehen dem Schreiber sogenannte Emoticons oder Smileys zur Verfügung, um beispielsweise einen Gesichtsausdruck zu stilisieren und so anhand der Grafik einen Gemütszustand zu vermitteln, allerdings besteht hier ebenso wie bei allem, was geschrieben wird, die Möglichkeit, dass der Interaktionspartner lediglich etwas vorgibt und den Leser an der Nase herumführt. Bei natürlichen Gesprächen in der Face-to-Face-Kommunikation hat es der Sprecher aus offensichtlichen Gründen schwerer, äußere Bedingungen vorzugeben, die nicht tatsächlich gegeben sind. Zudem fallen – für mündliche Gespräche so relevante – prosodische Mittel wie Intonation, Heben und Senken der Stimme oder Sprechtempo und -rhythmus in geschriebenen Gesprächen weg. Auch Aspekte der Körpersprache, also Gestik und Mimik, kann der Leser bestenfalls erahnen. Es hat sich eingebürgert, hinter Sätzen, die nicht ernst gemeint sind, einen zwinkernden Smiley[5] – ;-) oder nur ;) – anzubringen, der dadurch als Ironiemarker fungiert. Auch andere Emoticons werden dazu verwendet, gewisse Gefühlszustände des Schreibenden widerzuspiegeln. Der beliebteste ist wohl der Smiley – :-), :) oder =) –, der ein lächelndes Gesicht darstellt und eine freundliche Grundhaltung oder Gesinnung dem Chatpartner gegenüber zeigen soll. Um Traurigkeit oder schlechte Laune zu signalisieren, wird der Frowney – :-(, :(oder im Extremfall :-C – verwendet. Darüber hinaus sind häufig Emoticons wie :-P oder :-D zu finden, die freche Äußerungen unterstreichen oder extreme Fröhlichkeit und Freude zum Ausdruck bringen sollen, Erstaunen oder Entsetzen wird durch :-o oder Oo (große Augen machen) ausgedrückt. Was Emoticons anbelangt, gibt es viele verschiedene Varianten, um alle möglichen Stimmungen mit einem kleinen Bild ausdrücken zu können. In westlichen Ländern wird beim Smiley das Augenmerk vor allem auf den Mund der dargestellten Figur gelegt, während in asiatischen Ländern der Blick auf die Augen gerichtet wird. Hier sind von Mangas inspirierte Emoticons gängig, ein Lachen wird durch die Figur ^^ ausgedrückt, wenn der Benutzer traurig oder deprimiert ist, benutzt er -.-. Diese Arten von Smileys sind deshalb erwähnenswert, weil sie in letzter Zeit immer mehr Einzug auch in die westliche Chatwelt halten.

Abgesehen von diesen Piktogrammen können zum Ausdruck von Gefühlen Inflektiv-Formen verwendet werden,

[5] Um die jeweiligen stilisierten Gesichter erkennen zu können, muss das Piktogramm in den meisten Fällen um 90 Grad nach rechts gedreht gedacht werden.

die ihren Ursprung in der Comicsprache haben und, zwischen Asterisken gesetzt, Konstruktionen wie zum Beispiel *freu*, *knuddel* oder *skeptischguck* hervorbringen. Allerdings können diese dennoch nicht die Möglichkeiten, die die Face-to-Face-Kommunikation in Bezug auf Mimik oder Gestik bietet, ersetzen. Dies ergibt sich aus der Tatsache, dass jederzeit eine Vortäuschung von Emotionen vorliegen könnte, was in schriftbasierter Form der Fernkommunikation grundsätzlich nicht oder nur überaus schwer feststellbar ist. Sehr gängig ist die Benutzung von Akronymen, das prominenteste Beispiel ist hier wohl *lol*, das – ebenfalls zwischen Asterisken geschrieben – die Wendung ‚laughing out loud' darstellt. Wenige Benutzer nutzen den Umstand, dass hier nur die Anfangsbuchstaben verwendet werden, um die Wendung zu variieren. So kann dem Chatteilnehmer in manchen Channels die Wendung ‚lautes online lachen' anstelle von ‚laughing out loud' begegnen. Auch die Abkürzung *g*, die als Inflektivform gelesen wird und daher für *grins* steht, ist bei den Chattern sehr beliebt. Dies kann noch zu *fg* für ‚freches' oder ‚fieses' Grinsen oder zu *sfg* erweitert werden, wobei das ‚s' für ‚sehr' steht.

Im Chat treffen ständig Menschen aus verschiedenen Gesellschaftsschichten, mit divergierendem Bildungsniveau und mit unterschiedlichen Welt- und Lebensanschauungen aufeinander. Die Bezugspunkte müssen zunächst erarbeitet werden, man muss sich an das Gegenüber herantasten, mögliche Themen aushandeln und beobachten, in welcher Form der Gesprächspartner auf diese eingeht oder nicht. Hier spielt das Weltwissen oder die Kognition eine große

Rolle. Es fängt bei einfachsten alltäglichen Begebenheiten an, beispielsweise mit der Situation, dass jemand einen Weblink in den Chat kopiert. Der Gesprächspartner muss wissen, dass er per Mausklick auf diesen Link die Seite besuchen soll, über die der Produzent des Beitrages gerne sprechen will, dass es sich um ein Bild handelt, das er den Chatteilnehmern zeigen will oder ähnliches. Der Rezipient muss also mit Situationen umgehen, die für den anderen vielleicht alltäglich, ihm selbst bislang aber nicht zugänglich gewesen sind. Auch ist er gezwungen – zumindest wenn er aktiv am Geschehen im Chatroom teilnehmen will –, große Textmengen möglichst schnell zu erfassen, zu verarbeiten und selbst sofort zu reagieren, denn wenn dies nicht der Fall ist, ist das Thema bereits abgehandelt, wenn derjenige, der nicht so schnell tippen kann, seinen Beitrag erst angefertigt, korrigiert und schließlich abgeschickt hat (vgl. HOFFMANN 2004). Eine andere Schwierigkeit ergibt sich daraus, dass die Turns nicht immer Zuschreibungen an bestimmte Nutzer enthalten. So muss jeder Chatter für sich herausfinden, worauf der jeweilige Beitrag Bezug nimmt und was darin ausgesagt werden soll, um gegebenenfalls auch darauf einzugehen oder ihn zu ignorieren. Darüber hinaus finden immer wieder Rollenzuweisungen statt. Dies kann unterbewusst erfolgen, den einzelnen Chatpartnern werden verschiedenste Rollen zugeteilt, die sie auszufüllen haben. Häufig kommt es auch zu Selbstzuweisungen solcher Rollen, indem der Teilnehmer entsprechend dem agiert, wie er gern wäre oder sein möchte. An dieser Stelle ist Abstraktionsvermögen und Urteilskraft durch die

Chatbeteiligten gefragt. Letzten Endes handelt es sich bei Chatgesprächen zunächst immer um virtuelle, anonymisierte Gespräche, die in einem virtuellen Raum erfolgen und ebenso virtuelle Gesprächsteilnehmer beinhalten können. Wirklich werden die Gespräche meist erst, nachdem die Chatter einander kennen gelernt haben. Erst dann ist es möglich, eine genauere Einschätzung der Person zu treffen, die am anderen Ende der Leitung ihre Gesprächsbeiträge produziert.

Im Rahmen der Chatkommunikation gibt es einige theoretische Ansätze, durch die sich eine Einordnung in Bezug auf die Form vornehmen lässt. Diese Einordnung wird durch die Anwendung von Erkenntnissen, die aus der Gesprächsanalyse - anhand von Transkriptionen - gewonnen wurden, zu realisieren versucht. Dass dies nur teilweise funktioniert, ergibt sich daraus, dass getippte Gespräche eben nicht synchron erfolgen, sondern anderen Regeln der Gesprächssteuerung und Rederechtvergabe folgen müssen, da hier die gesamten paraverbalen Faktoren wegfallen. Chatmitschnitte stellen zwar eine Art von Diskurs dar, allerdings ist es nach wie vor schwierig, diese Gespräche endgültig in einen Forschungsbereich einzuordnen. Was Teilaspekte, wie den Sprecherwechsel oder themenbezogene Fragestellungen anbelangt, so funktioniert diese Vorgehensweise zwar sehr gut, allerdings wirft die Chatkommunikation als multimedial-digitale Form des Gesprächs immernoch Fragen auf, die nicht leicht zu beantworten sind. Allein die Tatsache, dass man es mit Personen aus unterschiedlichen Altersgruppen und mit verschiedenen Interessenschwerpunkten, mit anderen Lebensanschauungen und divergierendem Bildungsstand zu tun hat, muss ebenso berücksichtigt werden wie die, dass doch ein hohes Maß an Anonymität im Spiel ist und daher eine genaue Verortung in gesellschaftliche Gruppen überaus schwierig ist.

Das folgende Kapitel 5, das die eigene Untersuchung darstellt, soll ebenso auf einige Aspekte aus dem Bereich der Analyse von Chatkommunikation im Allgemeinen wie auf das Phänomen des Code-Switchings, das in einigen Mitschnitten auszumachen ist, im Speziellen Bezug nehmen. Dabei muss immer im Auge behalten werden, dass es sich um individuelle Gespräche in ebenso individuellen Kontexten handelt und es daher schwierig ist, generelle, allumfassende Aussagen treffen zu können.

5 Eigene Untersuchung

Bei Code-Switching handelt es sich nach der Definition von BULLOCK/TORIBIO (2009, vgl. Kapitel 3.2) um die Fähigkeit von Menschen, die mehr als eine Sprache beherrschen, zwischen den jeweiligen Sprachen zu wechseln. Dies findet unter individuellen Gesichtspunkten statt, so dass das Phänomen je nach Situation jedes Mal aufs Neue betrachtet und bewertet werden muss. Die verschiedenen Techniken oder Settings sind unterschiedlich und so müssen sie individuell untersucht werden. Bei Fachtermini, die in einer anderen Sprache geäußert werden – Borrowing also – kann es sich um keine Form von Code-Switching handeln, da es zumeist keine, oder zumindest eine weniger gebräuchliche ausgangssprachliche – in diesem Fall deutsche – Entsprechung gibt. Diese Definition soll für die vorliegende Studie maßgeblich sein. Code-Switching wird demnach im Sinne von Sprachwechsel, also ‚language-shift' verwendet.

Gegenstand dieser Studie ist die Frage danach, wie in verschiedenen Sprachen innerhalb der Chat-Kommunikation in einem IRC-Channel interagiert wird, wie und aus welchem Anlass die Sprache gewechselt wird und wie die Sprecher damit umgehen, welche Methoden also angewendet werden, um einen Sprachwechsel herbeizuführen oder auch in welcher Form und mit welchen Methoden auf andere Sprachen, deren Benutzung sowie auch deren Benutzer eingegangen wird. Dialektale und stilistische Wechsel werden weitgehend außer Acht gelassen. Natürlich dürfen auch kulturelle und gruppenspezifische Aspekte nicht vernachlässigt werden. Soziale Komponenten sind hier ebenso maßgeblich, um zu verstehen, warum die Sprache gewechselt wird und wie es dazu kommt, dass ein Teil der Chatteilnehmer sich auf die Kommunikation einlässt und ebenfalls in die vorgegebene Sprache wechselt – oder es zumindest versucht. Es muss zusätzlich bedacht werden, dass es sich bei dem untersuchten Material um Mitschnitte aus einem Channel handelt, in dem ein Webradio im Mittelpunkt steht. Demnach ist es auch im Sinne der Betreiber, möglichst viele Zuhörer und auch Chatter für den Kanal zu gewinnen, damit es sich lohnt, das Radio aufrecht zu erhalten. Es geht hier also auch maßgeblich um Userwerbung. Das Akronym ‚GGRN' steht für Global German Radio Network, was bedeutet, dass es sich zwar um ein Radio handelt, das in Deutschland angemeldet ist, jedoch in globalem Kontext agiert. Es wird sowohl um ausländische Hörer als auch um Moderatoren aus dem Ausland geworben, die bereit sind, Sendungen zu übernehmen. Dies ist bereits bei Teilnehmern aus Chile, Österreich und der Schweiz gelungen und das Bestreben besteht weiter, noch andere Mitglieder zu gewinnen, die – gern auch in anderen Sprachen – Sendungen zu moderieren bereit sind. Da es sich um eine sehr kleine Community handelt, wird jeder Nutzer freundlich empfangen, unabhängig von seiner Herkunft oder der Sprache, die er verwendet. Aus einer Nutzerbefragung geht hervor, dass es grundsätzlich möglich ist, sich in den Sprachen Deutsch, Englisch, Spanisch, Französisch, Russisch, Kroatisch, Japanisch und Arabisch zu verständigen, da dieses Repertoire zumindest durch einzelne Stammnutzer abgedeckt wird.

Einen Hauptbestandteil dieser Studie stellt die Untersuchung konkreter Code-Switching-Ereignisse innerhalb der im IRC-Channel #ggrn.de geführten Gespräche dar. Hierbei sind die Sprachen Deutsch, Englisch und Spanisch maßgeblich. Es gilt zu zeigen, welche Formen von Code-Switching innerhalb der Chatereignisse zu finden sind und welche Funktionen sie erfüllen. Darüber hinaus kommt es offenbar auch vor, dass bestimmte Werkzeuge zur Verständnissicherung innerhalb der Gespräche verwendet werden. Auch die Behebung von eventuell auftretenden Störungen wird anhand von Textbeispielen dargestellt und analysiert.

5.1 Auffälligkeiten innerhalb des Materials

Ebenso wie der eigentliche Gegenstand des Code-Switchings im IRC, der für die vorliegende Studie im Mittelpunkt des Interesses steht, werden noch andere Besonderheiten der Kommunikationsform Chat deutlich. Vor allen Dingen sind hierbei die Aspekte des Turn-Taking, beziehungsweise die Zuschreibung einzelner Turns an bestimmte Adressaten, die Beteiligung einzelner Nutzer an mehreren verschiedenen Gesprächssträngen und das Verhältnis zwischen Mündlichkeit und Schriftlichkeit innerhalb der Kommunikationsform zu nennen.

5.1.1 Allgemeine Probleme des Mediums ‚Chat'

Störungen können im Chat nicht nur auf Grund von unterschiedlichen Sprachen auftreten, zu Missverständnissen oder Streitigkeiten kommt es zuweilen auch, wenn in der selben Sprache interagiert wird; dies bringt aber die Kommunikationsform selbst mit sich, da eben im Chat Komponenten wie Augenkontakt, generell Mimik, Gestik und – nicht zu vergessen – die Stimme, der Tonfall, fehlen. Aus dem Geschriebenen selbst kann schwer das Temperament des Gegenübers herausgelesen werden, durch den Mangel an außersprachlichen Faktoren lässt sich nur für sehr geübte Chatter die Stimmung im Channel und somit der Gesprächsteilnehmer ermitteln. Kurz: Störfaktoren, die in der Face-to-Face-Kommunikation sprichwörtlich auf den ersten Blick erkennbar sind, sind im Chat nicht identifizierbar und müssen erst erfragt oder mitgeteilt werden. Ein Problem hierbei ergibt sich auch aus der relativen Anonymität, die die Kommunikationsform mit sich bringt. Wenn man das Gegenüber nicht persönlich kennt, kann man nicht wissen, mit wem man es zu tun hat, ebensowenig, ob der Gesprächspartner lügt oder die Wahrheit sagt, ob er tatsächlich lächelt, wenn er einen ‚lachenden' Emoticon verwendet oder ob er wirklich laut auflacht, wenn er ‚lol' – laughing out loud – schreibt. Die Intention des Chatters, mit dem man sich gerade unterhält, kann also durchaus verschleiert werden. Das World Wide Web bietet allerlei Raum für Menschen, die sich anders darstellen, als sie wirklich sind. Für einige ist das Internet oder der Chat schlicht eine Anlaufstelle, die ihnen im wahren Leben fehlt. Man sollte sich bei der Untersuchung von Mitschnitten aus Chats daher immer darüber im Klaren sein, dass keine endgültigen Aussagen über die Intentionen oder den Gemütszustand, ebensowenig wie über den Wahrheitsgehalt des Geschriebenen der beteiligten Personen getroffen werden können, was eine soziolinguistische Analyse relativ schwierig macht. Man hat tatsächlich nur das Geschriebene der einzelnen Chatter – oft ohne deren wahre Identität zu kennen – vor sich und sollte deshalb vorsichtig sein, wenn es darum geht, Einordnungen vorzunehmen oder Intentionen zu unterstellen, da der Analysierende mit diesen Unterstellungen immer Gefahr läuft, mit Erdachtem oder Vorspiegelung falscher Tatsachen zu kollidieren. Es bleibt für die Untersuchung allerdings nichts anderes übrig, als mit dem Material zu arbeiten, das zur Verfügung steht und das durchaus in vielerlei Hinsicht sehr fruchtbar ist, und eine Analyse in zahlreiche linguistisch relevante Richtungen zulässt. Diese Studie beschränkt sich auf den Gegenstand des Code-Switchings und damit einhergehend sowohl auf soziolinguistisch ausgerichtete Fragen als auch auf Fragen nach den verwendeten Sprachen selbst.

5.1.2 Nutzerbefragung

Zusätzlich zur Arbeit mit dem durch Mitschnitte vorliegenden Material wurde eine Nutzerbefragung im Channel durchgeführt, an der 28 Stammchatter teilnahmen. Die Fragen mussten relativ offen und allgemein formuliert werden, so dass sowohl Raum für eigene Interpretation und ausführliche Antworten gegeben war als auch die Möglichkeit bestand, knapp zu antworten. Demnach sind die Ergebnisse dergestalt, dass einige Chatter ihre Ausführungen noch begründet und präzisiert haben, andere haben so kurz wie möglich auf die gestellten Fragen geantwortet. Ein weiteres Kriterium für die Einfachheit der Fragestellung war, dass im Chat Menschen mit unterschiedlichem Bildungsniveau anzutreffen sind und die Fragen klar verständlich gehalten werden mussten, um das Repertoire entsprechend abzudecken. Zum einen diente der sechs Fragen umfassende Katalog dazu, Informationen über das Chatverhalten oder vielleicht sogar die Intentionen im Umgang mit fremdsprachigen Chattern sowie die Sprachkompetenz der Probanden einzuholen, andererseits auch zur Verifikation von aufgestellten Vermutungen in Bezug auf die Nutzung von Onlineübersetzern und ähnlichem. Die Befragung wurde durchgeführt, indem jedem Probanden – um Beeinflussung durch die Antworten anderer Chatter zu vermeiden – in einem separaten Raum drei allgemein den Chat im Verhältnis zu mündlichen Gesprächen betreffende und drei Code-Switching-bezügliche Fragen gestellt wurden. Anschließend wurde das Material zusammengetragen und ausgewertet.

Zunächst wurde die Frage danach gestellt, ob die Chatter eine Diskussion im IRC gegenüber einer mündlich geführten für übersichtlicher halten. Über diese Frage herrscht Uneinigkeit unter den Chatteilnehmern. Viele von ihnen ziehen eine mündliche Diskussion der im Chat vor, da ihrer Meinung nach die Zuordnung des Beitrags an den jeweiligen Sprecher durch die Stimme leichter getroffen werden kann und Gestik und Mimik wichtige Faktoren innerhalb des Gespräches sind. Als weiteres Argument wurde angebracht, dass die Konzentrationsfähigkeit im mündlichen Gespräch höher ist als im schriftlichen und man daher näher bei der Sache sei. Der andere Teil der Chatter hält das Gespräch im IRC für übersichtlicher. Ursachen hierfür liegen darin, dass die Beiträge im Chat jederzeit nachlesbar sind und es nicht zu Überlappungen kommt. Zudem besteht hier die Möglichkeit der Korrektur, die Zeit zum Überlegen sei daher länger und man habe immer die Option, das Geschriebene eben nicht abzuschicken, sondern erst noch zu verbessern. Dieser Aspekt wird allerdings von einigen Befragten auch negativ gesehen, da es eine gewisse Zeit in Anspruch nimmt, die Beiträge einzugeben. In einer hitzigen Diskussion kann es daher vorkommen, dass sich der Themenschwerpunkt bereits verlagert hat, bevor ein einzelner Chatter seinen Beitrag ausformuliert, möglicherweise noch Korrektur gelesen hat und schließlich bereit ist, ihn abzuschicken. Von vielen Chattern wurde angegeben, dass der Erfolg beider Gesprächsformen – vor allem in größeren Gruppen – abhängig ist von der Disziplin der Gesprächsteilnehmer. Viele Befragte räumen allerdings auch ein, dass ein Gespräch im Chat niemals die gleiche Wertigkeit haben kann wie eine mündliche Diskussion, da zu viele paraverbale Faktoren zu beachten sind, die der Chat durch die reine Einbeziehung von Tastatur und Monitor nicht bieten kann.

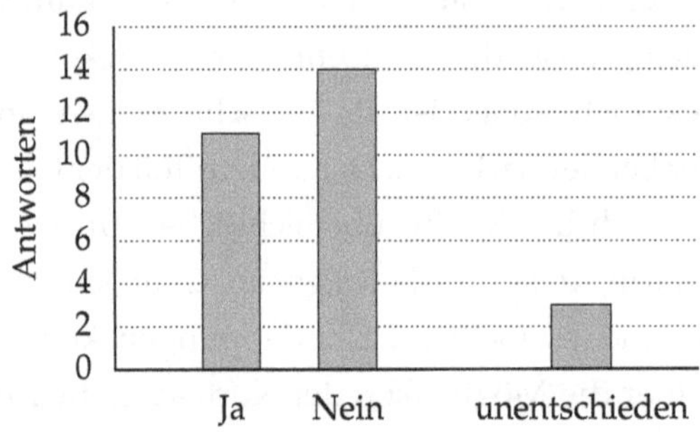

(a) Ist eine Diskussion im IRC übersichtlicher als in gesprochener Sprache?

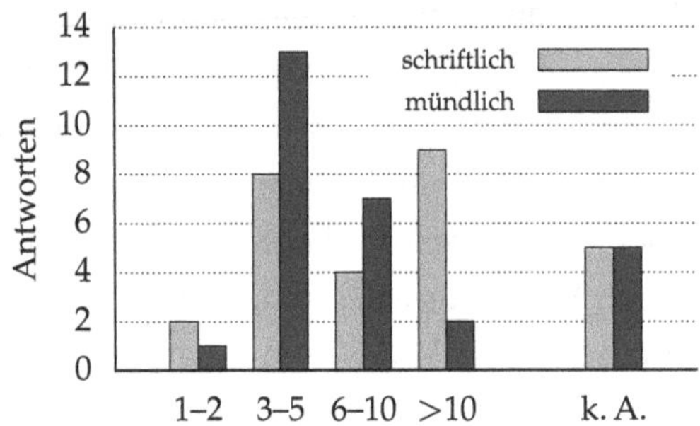

(b) Ab wie vielen Teilnehmern wird ein Gespräch unübersichtlich?

Abbildung 1: Auswertung der Nutzerbefragung, Fragen 1 und 2

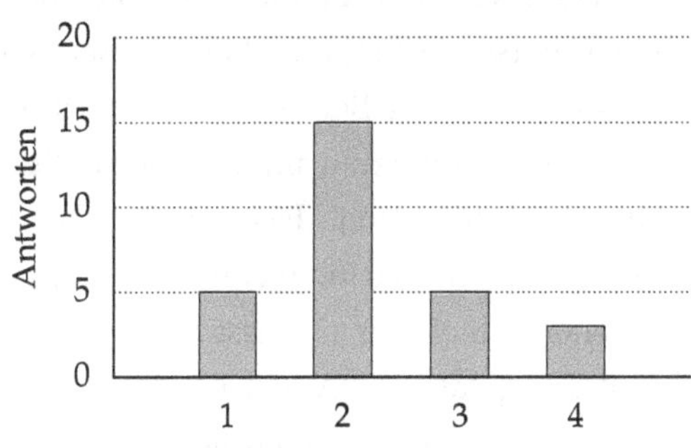

(a) Wie viele Sprachen sprichst Du?

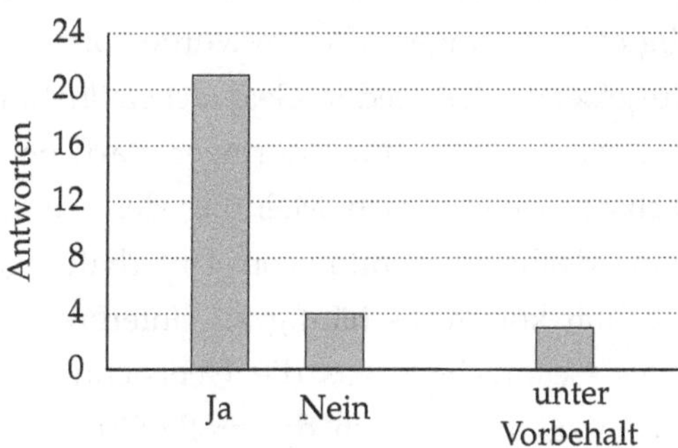

(b) Würdest Du Dich an einem Gespräch in einer anderen Sprache als Deutsch beteiligen?

Abbildung 2: Auswertung der Nutzerbefragung, Fragen 3 und 4

Die zweite Frage zielte darauf ab, herauszufinden, wie viele Gesprächsteilnehmer eine Diskussion nach Ansicht der Chatter im mündlichen Gespräch sowie im Chat haben darf, damit die Übersicht erhalten bleibt. Auch hier fielen die Antworten sehr unterschiedlich aus. Letzten Endes ist aber zu sagen, dass die meisten Befragten – erwartungsgemäß – eine höhere Teilnehmerzahl im Chat akzeptieren als in der mündlichen Interaktion. Fast die Hälfte der Befragten sieht kein Problem darin, wenn ein Gespräch im Chat mehr als zehn Teilnehmer umfasst. Dies geht mit der Nachprüfbarkeit der getätigten Äußerungen durch die Logfiles hervor. Im mündlichen Gespräch liegt der Durchschnitt der möglichen Beteiligten bei etwa fünf bis sechs Personen. Jedoch kommt hier wieder die Disziplin der am Gespräch Beteiligten zum Tragen. Zudem wurde von vielen Befragten vorausgesetzt, dass jeder Gesprächsteilnehmer aussprechen und seine Argumente anbringen darf, bevor ein Sprecherwechsel erfolgt. Nach Meinung der Autorin spiegelt dies ein idealisiertes Bild von Unterhaltungen wider. In der Realität kommt es häufig zu Unterbrechungen innerhalb des Gespräches, was die Übersichtlichkeit leicht schwinden lässt, so dass sich die große Gruppe oft in kleinere Diskussionsgrüppchen aufspaltet. Eine länger andauernde Diskussion zwischen mehr als drei Personen ist daher nur dann durchführbar, wenn sie moderiert wird, beispielsweise in Podiumsdiskussionen oder Talk-Shows.

Frage drei war soziologisch orientiert und zielte auf die Gründe der Chatteilnehmer für ihre Beteiligung am Chat ab. Von einigen Befragten wurde dieser Teil als der interessanteste empfunden, einige verlangten sogar nach Veröffentlichung der Ergebnisse nach der Auswertung, da soziale Faktoren im Chat eine große Rolle zu spielen scheinen. Für viele Befragte ist hierbei die Anonymität ein wichtiges Kriterium, die Chatter empfinden es als Vorteil, andere unabhängig von ihrem äußeren Erscheinungsbild kennen lernen zu können. Ebenfalls besteht laut der Nutzerbefragung die Möglichkeit, Schüchternheit zu überwinden oder Probleme anzusprechen, die in der Face-to-Face-Kommunikation als Tabuthemen gewertet werden. Auch das Argument, dass es in der Chatkommunikation besser möglich ist, sich ungezwungen zu unterhalten – aufgrund der Tatsache, dass ein gewisser räumlicher Abstand gewahrt wird – spielte hierbei für die Chatteilnehmer eine Rolle. Für andere Befragte war es maßgeblich, dass zu jeder Uhrzeit die Möglichkeit gegeben ist, ein Gespräch zu führen und auch, dass die ständige Erreichbarkeit gewährleistet ist. Häufig wird der Chat auch als eine schnelle und effektive Möglichkeit gesehen, um Nachfragen in Bezug auf Computerprobleme oder ähnliches zu tätigen und dabei auch entsprechend Hilfe zu bekommen. Der persönliche Bezug zu den anderen Chattern wird ebenfalls von wenigen Befragten als Kriterium für ihre Teilnahme am Chat genannt. Die Befragung hat darüber hinaus gezeigt, dass einige Nutzer den Chat als Ablenkung vom Tagesgeschehen nutzen. Hier ist wohl die Frage zu stellen, welche Intentionen sich letzten Endes hinter den Aussagen verbergen. Steht die Partnersuche im Vordergrund oder die Tatsache, dass man wenig Bezug zu Menschen im ‚realen Leben'

hat, so spielen wohl andere Faktoren – beispielsweise das Kennenlernen anderer Menschen, ungezwungene Gespräche – eine tragende Rolle. Hierbei kommt es zum Aufbau von Sozialbeziehungen, zum Knüpfen von Freundschaften, die teilweise auch über das Chatgeschehen hinaus von Bedeutung sein können. Andererseits gibt es Chatteilnehmer, deren einziger Grund für die Anwesenheit im Chat der ist, Phasen der Langeweile zu überbrücken und – salopp gesagt – lieber das Gespräch zu anderen Menschen zu suchen als den Fernseher einzuschalten. Die Gründe für die Teilnahme am Chat sind also vielfältig und sehr individuell.
Mit Frage vier sollte herausgefunden werden, wie viele Sprachen die einzelnen Chatter sprechen, schon in Hinblick auf Frage fünf, in der dann konkret gefragt wurde, ob sich die Chatter grundsätzlich an Unterhaltungen in anderen Sprachen und somit an möglichen Code-Switching-Ereignissen beteiligen würden oder nicht. Während ein Fünftel der Befragten einsprachig und somit nicht in der Lage ist, sich in mehrsprachige Unterhaltungen einzubringen, so spricht ein erheblicher Teil der Befragten zwei Sprachen, knapp ein Drittel sogar drei oder vier. Ausnahmslos alle aus den letzten drei Gruppen sind grundsätzlich bereit, sich in Unterhaltungen in anderen Sprachen als Deutsch einzubringen.
Die sechste Frage zielte auf die Benutzung einer Übersetzungshilfe ab. Während hier nach eigenen Aussagen sehr häufig mit dict.leo.org, Babel Fish oder Google gearbeitet wird, sehen sich doch einige der Befragten nur dann in der Lage, sich in ein fremdsprachiges Gespräch einzubringen,

wenn ein Chatteilnehmer zugegen ist, der als Dolmetscher fungieren kann. Einer der Befragten begründet dies damit, dass die Übersetzungsprogramme noch nicht entsprechend ausgereift sind, um die oft umgangssprachlichen oder fehlerhaften Beiträge einiger Chatteilnehmer angemessen zu übersetzen.

5.1.3 Fachtermini, Borrowing und metasprachliche Aspekte

Wie eingangs in Kapitel 5 bereits erwähnt, werden im Bereich des Code-Switchings Fachtermini außer Acht gelassen. Es ist also nach der in Betracht gezogenen Definition kein Code-Switching, wenn sich ein Chatteilnehmer einen englischen Musiktitel im Webradio wünscht, bei der Musik ‚mitsingt', also den Text des Liedes aufschreibt, das er gerade hört – es sei denn natürlich, er nimmt damit Bezug auf das laufende Gespräch – oder IRC-spezifische Phänomene diskutiert werden. Wie beispielsweise bei der Registrierung eines Nicknamens durchaus das Wort ‚register' fallen kann – und muss, da es zur Syntax des Befehls gehört –, so kann es auch vorkommen, dass über Programmiersprachen gesprochen wird, wo ein mit englischen Begriffen überaus stark angereicherter Fachjargon im Mittelpunkt steht, der allerdings nicht relevant für das Thema Code-Switching ist, sondern vielmehr die Fachkompetenz des Erklärenden untermauert. Diese Problematik muss klar von der, die Gegenstand dieser Studie ist, abgegrenzt werden. Es handelt sich nicht darum, dass die Verwendung anderer

Sprachen in einem deutschsprachigen IRC-Channel generell untersucht wird, weil das auch beinhalten würde, dass eben dieser Fachjargon einbezogen werden müsste. Das ist weder besonders spannend, noch effektiv, denn hierbei handelt es sich schlicht um zweckbezogene Kommunikation, bei der es darum geht – zumindest was Fachgespräche zu Computerproblemen oder ähnliches angeht –, möglichst kurz und präzise Fehler aufzudecken und zu korrigieren oder dem Fragenden Hilfe zu leisten. Wird innerhalb solcher Fachgespräche allerdings die Frage danach gestellt, ob in dem Channel Deutsch gesprochen werden muss, da es sich ja um einen deutschen Channel handelt, so ist das durchaus relevant. Denn der Fragende begibt sich dadurch erstens auf eine metasprachliche Ebene und bringt die Idee des Code-Switchings zur Sprache. Zweitens macht er sich in soziolinguistischer Hinsicht bewusst, dass andere Teilnehmer an dem Gespräch ihn vielleicht nicht verstehen könnten. Er begibt sich durch die Idee von der Frage nach einem notwendigen Sprachwechsel auf die Suche nach Lösungen für das Kommunikationsproblem oder die Störung. Diese Untersuchung soll Chat-Gespräche zum Gegenstand haben, Plaudereien, alltägliche Gespräche, inmitten derer – vermittelt oder unvermittelt – die Sprache gewechselt wird, um in einer anderen Sprache entweder das Thema beizubehalten oder das Thema zu wechseln.

5.1.4 Kritik am Fremdsprachengebrauch innerhalb des Channels

Auffällig bei den Passagen, die sich nur auf die spanische Sprache beschränken, ist, dass es in den meisten Fällen bei Begrüßungen und Verabschiedungen bleibt, was darauf hindeutet, dass sich viele der Benutzer nicht die Mühe machen, über längere Gesprächsabschnitte hinweg Hilfsmittel zu verwenden, um die Konversation aufrecht zu erhalten. Ferner sind die meisten Chatteilnehmer nicht in der Lage, Spanisch zu sprechen und vor allem es zu schreiben, weswegen häufig auf Englisch ausgewichen wird oder sich die Schreiber anderen Themen mit deutschen Gesprächspartnern zuwenden. Zapf2000, der Gründer des Webradios und somit auch des Chatrooms, erklärt – wie in Beispiel 12 – häufig, dass doria seine einzige spanische Hörerin sei und legitimiert dadurch den Wechsel in die Fremdsprache, was in vielen Chats nicht geduldet wird.

---

1 ⟨00:54⟩ <zapf2000> oh susana is zurück
2 ⟨00:57⟩ <Firebean> wer is susana? kenn ich noch garnet^^
3 ⟨00:57⟩ <zapf2000> susana is unsere treue hörerin aus valladolid , spanien
4 ⟨00:58⟩ <eagle|one> doria Firebean
5 ⟨00:59⟩ <Firebean> achso^^
6 ⟨00:59⟩ <Firebean> ok
7 ⟨01:00⟩ <zapf2000> die einzige spanische hörerin die wir jemals hatten

---

Beispiel 12: aus doria20.log

ANDROUTSOPOULOS/HINNENKAMP (2001) beschreiben beispielsweise, dass es im Channel #hellas, einem vorwiegend griechischsprachigen IRC-Channel, nicht gerne gesehen wird, wenn die deutsche Sprache verwendet wird. Auch in #ggrn.de finden sich Passagen – siehe dazu Beispiel 13 und 14 –, wo deutsche Chatter beklagen, dass sie der spanischen Konversation zwischen doria und tron nicht folgen können.

Trotz der generell positiven Haltung zum Fremdsprachengebrauch kommt es wie in Beispiel 13 auch in #ggrn.de von Zeit zu Zeit zu Kritik daran, dass Spanisch gesprochen wird, einzelne Nutzer nicht verstehen können, worüber sich die Interaktionspartner unterhalten und sich daher durch das spanische Gespräch gestört oder eingeschüchtert fühlen.

1 ⟨00:42⟩ <tron> en chile más o menos
2 ⟨00:43⟩ <tron> seguro pero no exactamente rico
3 ⟨00:43⟩ <tron> pero esta bien
4 ⟨00:43⟩ <tron> tengo un sueldo fijo que sirve para sobrevivir y la opción de ganar premios para proyectos
5 ⟨00:43⟩ <eagle|one> hallo, jeder normale der der deutschen sprache mächtig ist versteht nix ;)
6 ⟨00:43⟩ <tron> incluso la opción de tomar proyectos afuera de la u
7 ⟨00:43⟩ <doria> tmp hay q ser rico para vivir bien
8 ⟨00:44⟩ <tron> por supuesto que no ;)
9 ⟨00:44⟩ <doria> pues parece un buen curro
10 ⟨00:44⟩ <guddi> haha ich verstehs trotzdem *fg*
11 ⟨00:44⟩ <tron> solo en chile hay situaciónes en que mejor estas rico
12 ⟨00:44⟩ <tron> cuando lleguen las cuentas medicas por ejemplo
13 ⟨00:45⟩ <Sandstroem> übersetz mal guddi
14 ⟨00:45⟩ <Sandstroem> wir wollen mitlauschen
15 ⟨00:45⟩ <doria> no hay sanid publica para todo el mundo?
16 ⟨00:45⟩ <guddi> nene du lass ma meine letzte spanisch stunde is scho zu lang her
17 ⟨00:45⟩ <tron> zusammenfassung: ich hab meinen festen arbeitsvertrag mit der stiftung für die entwicklung der Lehre in der Region Arauncania unterschrieben bekommen :)
18 ⟨00:46⟩ <flo> aha
19 ⟨00:46⟩ <Sandstroem> zusammenfassung: Toll

Beispiel 13: doria23.log

Eagle | one beklagt sich über die Verwendung von Spanisch und gibt dadurch zu verstehen, dass er dem Gespräch nicht folgen kann. Allerdings wird er gänzlich ignoriert, tron und doria unterhalten sich weiter auf Spanisch, lediglich guddi merkt auf eher spöttische Weise an, dass sie in der Lage ist, es zu verstehen, womit die Diskussion im Keim erstickt wird. Doria und tron ignorieren hier also die Beschwerde von eagle|one und verweigern damit den Wechsel in eine allgemein verständliche Gruppensprache. Für doria, die ihrerseits kein Deutsch versteht, wird die Beschwerde des Benutzers als ganz normaler deutschsprachiger Turn erscheinen, da sie nicht versteht, dass sie kritisiert wird. Tron hingegen ist durchaus der deutschen Sprache mächtig, verweigert aber ebenfalls den Wechsel und verzichtet andererseits auch darauf, eagle|one zu antworten und eine Erklärung dafür zu geben, warum gerade Spanisch gesprochen wird. Auch erklärt er doria nicht, dass gerade eine Beschwerde über den Spanischgebrauch eingegangen ist. Die Unterhaltung wird weitergeführt, als sei nichts geschehen. Sandstroem bittet stattdessen guddi, für ihn – und die Allgemeinheit, er benutzt den Plural, indem er sagt „wir wollen mitlauschen" – zu übersetzen, was diese aber aus Angst, etwas falsches zu übersetzen, verweigert. Tron liefert daraufhin für die deutschen Benutzer eine Zusammenfassung dessen, was er doria gerade erzählt hat, damit sie wissen, dass lediglich über seinen Beruf geredet wurde und nicht über Anwesende oder ähnliches. Dies geschieht, um den Verdacht zu zerstreuen, dass die Fremdsprache genutzt wird, gerade weil die anderen nichts verstehen und somit die Möglichkeit gegeben wäre, sich nach Belieben über die anderen Benutzer auszulassen. Flo und Sandstroem jedoch reagierend ablehnend auf das, was tron erzählt. Offenbar hat er die Intention der Kritiker verkannt, die nicht wirklich am eigentlichen Inhalt des Gesprächs interessiert sind, sondern vielmehr ihre ablehnende Haltung zum Gebrauch der spanischen Sprache in dem deutschen Channel zum Ausdruck bringen wollten. Der implizierte Appell an die Benutzer, in eine Sprache zu wechseln, die alle Anwesenden verstehen, wird missverstanden und die ablehnende Haltung der Benutzer wird wiederum so gewertet, dass sie nicht am Inhalt interessiert sind, so dass nichts dagegen spricht, das Gespräch auf Spanisch weiterzuführen, was auch passiert. Tron und doria interagieren weiter in spanischer Sprache. Auch kann unterstellt werden, dass Sandstroem die Nutzerin guddi mit der Aufforderung, sie solle übersetzen, in den Mittelpunkt des Gesprächs rücken wollte, so dass sie sich aktiver am Chatgeschehen beteiligt.[6]

In Beispiel 14 kommentiert Sandstroem eine bereits länger andauernde Unterhaltung zwischen doria und tron, die auf Spanisch geführt wird.

[6]Bei guddi handelt es sich um eine alte Freundin von Sandstroem, die so gut wie nie den Chat besucht, demnach auch nur wenige Benutzer kennt und sich daher sehr selten an Gesprächen beteiligt.

1 ⟨00:49⟩ <Sandstroem> spanisch is ja der stimmungskiller :P
2 ⟨00:49⟩ <tron> lo siento, mi castellano todavia tiene muchos problemitas
3 ⟨00:49⟩ <tron> ach was :p
4 ⟨00:49⟩ <Sandstroem> kill me :D
5 ⟨00:50⟩ <doria> q va hombre se entiende perfectamente
6 ⟨00:50⟩ <eagle|one> bier ist alle, noch eins?
7 ⟨00:50⟩ <guddi> ach quatsch so schlimm is nich
8 ⟨00:50⟩ <guddi> wir reden einfach dazwischen
9 ⟨00:50⟩ <Sandstroem> klar, noch eins
10 ⟨00:50⟩ <guddi> bueno?^^
11 ⟨00:50⟩ <Sandstroem> bis es weg is
12 ⟨00:51⟩ <tron> ja eben :)

Beispiel 14: aus doria23.log

Da offenbar niemand die Konversation stören will und es daher unter den deutschsprachigen Chattern dazu kommt, dass keine weiteren Gespräche mehr parallel geführt werden, ergreift Sandstroem die Initiative und begibt sich auf die metasprachliche Ebene, um ein neues Thema zur Diskussion zu stellen, nämlich, ob die Verwendung von Spanisch einen „Stimmungskiller" im Channel darstellt oder nicht. Der Emoticon, den er verwendet, um seine Aussage zu untermauern, kann als Marker für eine freche Äußerung oder als provokativer Akt angesehen werden, um die Aufmerksamkeit der Anwesenden auf seinen Einwand zu lenken. Tron, der in die spanische Diskussion involviert ist, verneint – ebenfalls mit dem provokativen Emoticon – diese Vermutung, indem er für einen Turn auf Deutsch wechselt, um klarzumachen, dass er registriert, dass noch andere Chatteilnehmer zugegen sind, die sich am Spanischgebrauch der beiden stören. Der Grund für das Code-Switching ist adressatenbezogen. Tron ist zeitgleich an zwei Gesprächen beteiligt. Zum einen an der spanischen Unterhaltung mit doria und zum anderen an der deutschen mit Sandstroem. In diesem Zusammenhang lässt sich das „ach was" von tron durchaus ironisch interpretieren, da ansonsten zu diesem Zeitpunkt keine anderen Gespräche geführt werden, was er allerdings nicht auf seine spanische Unterhaltung zurückführt, sondern darauf, dass ansonsten eben niemand einen Beitrag schreibt. Nachdem er Sandstroems Beschwerde kommentiert hat, führt er sein Gespräch mit doria fort. Sandstroems Antwort in Zeile 4, die allerdings auf Englisch erfolgt, ist wohl als Reaktion auf die Provokation oder als Einlenken zu verstehen, da er seinen Kommentar mit einem lachenden Gesicht versieht. Der Wechsel zum Englischen kann bedeuten, dass er hiermit eine andere Sprache vorschlägt, in der die beiden auch interagieren könnten, so dass andere dem Gespräch folgen können. Er signalisiert damit, dass er des Englischen mächtig ist und an einer Unterhaltung auf Englisch teilnehmen könnte, nicht aber an einer Diskussion auf Spanisch. Guddi, die zwar Spanisch in der Schule gelernt hat, es somit versteht und lesen kann, worüber sich tron und doria unterhalten, sich allerdings nicht traut, am Gespräch teilzunehmen[7], reagiert auf Sandstroems

[7]Früher im Gespräch hatte sie bereits auf Spanisch die Frage gestellt, warum Spanisch gesprochen wird, darauf allerdings keine Antwort erhalten. So kann ihre Verweigerung, an der spanischen Interaktion teilzunehmen, darauf zurückgeführt werden, dass sie sich ausgeschlossen

„Stimmungskiller“-Kommentar in Zeile 7 und 8 versöhnlich. Sie gibt an, dass sie es nicht schlimm findet, wenn Spanisch verwendet wird und bietet als Lösungsvorschlag an, einfach dazwischen zu „reden“ – was das Verhältnis zwischen Mündlichkeit und Schriftlichkeit und Interaktionswirklichkeiten im Chat insofern wieder zur Diskussion stellt, als dass eigentlich nicht ‚geredet‘, sondern ‚geschrieben‘ wird, die Benutzer selbst es allerdings als ‚reden‘ im Sinne von ‚plaudern‘ anerkennen – und fragt zur Bestätigung auf Spanisch noch „bueno?^^“ was darauf hindeutet, dass sie von den spanisch Sprechenden wissen möchte, ob das in Ordnung wäre. Dieses Dazwischenreden kann einerseits zur Folge haben, dass diejenigen, die in einer anderen Sprache interagieren, das Gespräch abbrechen oder dass mehrere Gespräche gleichzeitig ablaufen, was für das Chatgeschehen nicht ungewöhnlich ist. Hierbei geht es darum, die von Sandstroem aufgedeckte offensichtliche Störung, nämlich dass das Gespräch im Channel sich nur noch auf zwei Personen beschränkt und die anderen weder dazu in der Lage sind, mitzureden, noch dazu, dem Geschehen zu folgen, wie anhand von Beispiel 13 bereits gezeigt wurde, zu beheben. Währenddessen stellt eagle|one ein neues Thema zur Diskussion, indem er fragt, ob er noch ein Bier trinken soll. Hierbei scheint es sich um ein akutes Problem zu handeln, Sandstroem antwortet prompt und

fühlt, weil sie keine Antwort erhalten hat und es ihr daher so erscheinen könnte, als dass doria und tron keinen anderen Teilnehmer am Gespräch zulassen wollen. Außerdem gibt sie in Beispiel 14 bereits zu verstehen, dass ihre letzte Spanischstunde schon länger zurückliegt und sie sich deshalb nicht traut, auf Spanisch zu schreiben, da sie ihre Sprachkompetenz für nicht ausreichend hält.

sagt ihm, dass er so lange Bier trinken soll, bis es weg ist. Dadurch hat Sandstroem sein Ziel erreicht, ein Gespräch auf Deutsch in Gang zu setzen, allerdings ist die Konversation nur von sehr kurzer Dauer, da eagle|one ihm nicht mehr antwortet. Das „ja eben :)" von tron in Zeile 12 bezieht sich auf guddis Vorschlag, einfach dazwischen zu reden und bestätigt, dass er – der ja parallel ein Gespräch mit doria führt – kein Problem damit hat, wenn mehrere Interaktionen gleichzeitig erfolgen und auch dass er in der Lage ist, gleichzeitig an mehreren Gesprächen in verschiedenen Sprachen teilzunehmen.

In Beispiel 15 fragt der Nutzer John, der den Channel zum ersten Mal besucht, ob er Deutsch sprechen muss. Zapf2000 erklärt ihm daraufhin, dass das nicht notwendig ist und er gerne in englischer Sprache interagieren kann.

1 ⟨03:58⟩ <John> so im i ment to speak german in here?
2 ⟨03:59⟩ <zapf2000> no
3 ⟨03:59⟩ <zapf2000> we take every language
4 ⟨03:59⟩ <zapf2000> we're flexible
5 ⟨04:00⟩ <John> ok so japanse
6 ⟨04:00⟩ <doria> sooo flexible ,,, i speak in spanish jejeje
7 ⟨04:01⟩ <zapf2000> sí susana
8 ⟨04:01⟩ <John> ok so whos specks german?
9 ⟨04:03⟩ <John> aha bablefish
10 ⟨04:04⟩ <John> yes susana
11 ⟨04:04⟩ <zapf2000> normally this is a german channel
12 ⟨04:04⟩ <zapf2000> but we all can speak a bit english ;)
13 ⟨04:05⟩ <John> ok ill use bable fish
14 ⟨04:05⟩ <zapf2000> so there will be no problem at all
15 ⟨04:05⟩ <John> ok

Beispiel 15: doria17.log

Die Flexibilität, die zapf2000 beschreibt, drückt genau das Gegenteil dessen aus, was eagle|one in Beispiel 13 an den Tag legt. Allerdings wird auf Johns Vorschlag, Japanisch zu benutzen, nicht eingegangen – zumal das vermutlich mit dem im Channel üblichen Zeichensatz kollidieren würde und es daher problematisch wäre, lesbare Piktogramme und Silbenzeichen anzuzeigen. Die Fremdsprachenbenutzer scheinen gemeinhin über den Umstand, ihre Sprache frei wählen zu dürfen, sehr erfreut, denn auch doria schaltet sich in englischer Sprache in die Diskussion in Beispiel 15 ein, erklärt, dass sie Spanisch spricht und untermauert ihre Aussage mit der onomatopoetischen Interjektion „jejeje", die ein Kichern andeuten soll.[8] Zapf2000 steuert zur Bestätigung dessen, was doria sagt, ein spanisches „sí" bei, um klarzumachen, dass es tatsächlich kein Problem darstellt und die vorher beschriebene Flexibilität im Umgang mit anderen Sprachen zu bestätigen. John ist daraufhin etwas verwundert und fragt, wer in diesem Channel überhaupt Deutsch spricht. Offenbar ist zu diesem Zeitpunkt allerdings niemand zugegen, der Deutsch als einzige Sprache benutzt, so dass hier eine positive Antwort ausbleibt. Lediglich zapf2000 räumt ein, dass es sich für gewöhnlich um einen deutschen Channel handelt, jedoch alle in der Lage seien, ein wenig Englisch zu sprechen, womit er das vorher Gesagte wieder dahingehend relativiert, als dass es tatsächlich keine Rolle spielt, in welcher Sprache interagiert wird. Die Interaktion selbst steht hier im Vordergrund, es ist wichtiger, dass irgendein Benutzer etwas in einer anderen Sprache sagt, als dass alle deutschsprachigen Benutzer gar nichts sagen. Auch findet sich in diesem Beispiel ein Hinweis auf eine Übersetzungshilfe, nämlich Babel Fish. Näheres dazu wird in Kapitel 5.4 erläutert. Interessant ist die Frage, wie John auf die Idee kommt, er müsse sich sprachlich an den Channel anpassen. Dahingehend scheint er auf anderen IRC-Kanälen wohl bereits schlechte Erfahrungen mit dem Fremdsprachengebrauch gesammelt zu haben. Da der Channel #ggrn.de heißt und das Länderkürzel ‚de' den Anschein erweckt, dass es sich um einen deutschen Channel handelt, in dem normalerweise auch Deutsch gesprochen wird, geht der Nutzer automatisch davon aus, dass es

[8]Im Deutschen wird von den Chattern stattdessen „hehehe" verwendet.

Sanktionen – wie einen Kick oder einen Bann – nach sich ziehen könnte, wenn er in einer anderen Sprache interagiert. In diesem Fall ist das aber nicht richtig und die Endung steht – das geht aus einer Befragung des Channelgründers hervor – in keinem Zusammenhang mit der Sprache, die dort gesprochen werden soll. Lediglich der Wiedererkennungswert mit der Internetadresse www.ggrn.de soll gewährleistet werden.

Die allgemeinen Probleme innerhalb der Chatkommunikation sind vor allem im Bereich fehlender non- und paraverbaler Faktoren und der Anonymität der Chatter zu finden. So ist es fraglich, ob das Gegenüber sich verstellt oder ebenso agiert wie er es in der Face-to-Face-Kommunikation tun würde. In einer Nutzerbefragung wurden die für die Chatteilnehmer maßgeblichen Argumente für ihre Teilnahme am Chat herausgefunden, ebenso wurden für die eigene Untersuchung relevante Fragen zum Thema Code-Switching beantwortet. Viele der Benutzer zeigen eine rege Bereitschaft daran, an fremdsprachigen Gesprächen teilzunehmen. Phänomene, die für das Thema Code-Switching nicht relevant sind, wie die Verwendung von anderssprachigen Fachtermini oder Borrowing, sind trotz der Tatsache, dass sie nicht in die Untersuchung einfließen können, von großer Bedeutung für den Chat, da sie sehr häufig innerhalb der Interaktion gebraucht werden. Auch die von Zeit zu Zeit angebrachte Kritik am Spanischgebrauch innerhalb des deutschen Channels fällt unter den Aspekt der allgemeinen Probleme innerhalb der Chatkommunikation, da es keine Relevanz für das Code-Switching an sich hat, denn ungeachtet der Kritik wird weiterhin in der Fremdsprache interagiert.

5.2 Formen des Code-Switchings

Wenn man sich mit dem Thema Code-Switching und Code-Mixing befasst, wird man mit verschiedenen Erscheinungsformen konfrontiert. Die Sprache wird – abhängig vom jeweiligen Kontext, der Situation und den Beteiligten – auf unterschiedliche Weise gewechselt.

5.2.1 Übersetzungen

Es finden sich im untersuchten Material zahlreiche Beispiele für Code-Switching innerhalb von Sätzen und auch zwischen einzelnen Aussagen. Am Häufigsten ist der Wechsel darin zu finden, dass Übersetzungen von dem in einer anderen Sprache bereits Gesagten angefertigt werden, um die Korrektheit der Aussage zu verifizieren oder sie durch den erneuten Versuch in einer anderen Sprache ins rechte Licht zu rücken und so sicherzustellen, dass keine Missverständnisse auftreten. In Beispiel 16 tritt der Sprachwechsel in dieser linearen Form auf. Es wird auf Spanisch etwas gesagt, das dann auf Englisch noch präzisiert wird.

```
1  ⟨02:10⟩ <Ede> no creer demasiado mucho, susana ....
               "don't believe what you read"
```

Beispiel 16: aus doria38.log

Ede fehlt in diesem Fall die Sprachkompetenz, das, was er eigentlich sagen will, im Spanischen korrekt auszudrücken. So wechselt er auf Englisch, um die Aussage zu konkretisieren und den Sinn dessen, was er intendiert, also das was doria verstehen soll, in die passende Form zu bringen. Eine Übersetzung kann also verwendet werden, um etwas bereits Gesagtes zu spezifizieren.

Auch in Beispiel 17 wird auf diese Weise gearbeitet. Hier ist es doria, die von kasi auf Englisch angesprochen wurde, und der die passenden englischen Wörter fehlen, um ihren Standpunkt adäquat zu verbalisieren. Sie umschreibt hier zwar, was sie auszudrücken beabsichtigt, bedient sich dann aber einer spanischen ‚Übersetzung' des Gesagten.

```
1  ⟨20:20⟩ <doria> me fine too kasi , no problems no busy ...
           everything ok ... la vida es bella jeje
```

Beispiel 17: doria5.log

Die Ursache für derartige Formen des Sprachwechsels innerhalb einer einzigen Aussage sind häufig in Gefühlsäußerungen oder Warnungen zu finden, in Situationen, in denen es aus Sprechersicht maßgeblich ist, exakt die richtigen Worte zu finden, um den Sinn zu transportieren. Wenn diese Ausdrücke sich nicht im Repertoire in der Ausgangssprache finden lassen, wird eine Sprache herangezogen, die besser beherrscht wird und von der der Sprecher weiß, dass der Gesprächspartner sie – oder zumindest die Aussage, die durch sie transportiert werden soll – auch versteht. In diesem Falle geht doria davon aus, dass „la vida es bella“ durch die Einfachheit der Vokabeln und der syntaktischen Struktur allgemein verstanden wird und nutzt somit den Wechsel dazu, ihrem Gefühl in der Muttersprache Ausdruck zu verleihen.

In der Abschiedssequenz in Beispiel 18 wählt doria zunächst den im Channel zumindest gängigen, wenn auch nicht regulären, Code Englisch, um innerhalb des Satzes mit einer kongruenten Lexikalisierung ins Deutsche zu wechseln. Ihre Sprachkenntnisse im Deutschen gehen zwar nicht weit über das in diesem Beitrag von ihr Gesagte hinaus, allerdings benutzt sie den Code, um ihre Zugehörigkeit zur deutschsprachigen Gruppe zu signalisieren.

---

1 ⟨04:06⟩ <doria> i go to sleep so gute nacht :))
[...]
2 ⟨04:06⟩ <Jawollja1180> nachti doria
3 ⟨04:06⟩ <zapf2000> buenas noches susana :)))
4 ⟨04:06⟩ <SheOne> Bye Bye @doria have a nice dream
5 ⟨04:06⟩ <barraweck> sleep well, susana :)
6 ⟨04:07⟩ <zapf2000> sueños muy agradables :)))
7 ⟨04:07⟩ <doria> felices sueños.. nice dreams :))

Beispiel 18: aus doria2.log

Da es sich um eine Verabschiedungssequenz handelt, ist es nicht notwendig, hier noch eine Sprache auszuhandeln. Doria versucht mit ihrem Beitrag, alle gängigen Sprachen der anwesenden Chatter abzudecken. So wechselt sie innerhalb eines Turns von Sprache A zu Sprache B, wodurch es zu Code-Mixing kommt. Sie erhält von zapf2000 schließlich noch eine Antwort in Sprache C, die sie am Ende aufgreift, um ihre Verabschiedung zu bestätigen und tatsächlich noch einmal auf Sprache C einzugehen. Auch Sprache A fließt noch einmal ein und dient hier als gemeinsamer Code, der abzudecken ihrer Ansicht nach offenbar notwendig ist. Sie übersetzt das in Sprache C bereits Gesagte noch einmal in Sprache A, damit klar wird, dass sie allen schöne Träume wünscht, nicht nur zapf2000 als mutmaßlich einzigem der Anwesenden, der Spanisch versteht.

5.2.2 Aushandlung einer gemeinsamen Sprache

In Beispiel 5.2.2 kommt zum Spanisch- und Deutschgebrauch noch eine dritte Sprache hinzu, nämlich Französisch. Der Benutzer turnover beschwert sich mehrfach darüber, dass doria und tron zu schnell auf Spanisch schreiben, so dass er dem Gespräch nicht folgen kann.

---

1 ⟨03:28⟩ <doria> tron, es el dia q mas hablador te veo, teneis una charlita de lo mas animada jeje
2 ⟨03:29⟩ <tron> si , susana. deberia hacer diagramas de uml
3 ⟨03:29⟩ <tron> y lo odio
4 ⟨03:29⟩ <turnover> net so schnell , ich kann net folgen
[...]
5 ⟨03:30⟩ <doria> no se que es eso pero perdon por interrumpir
6 ⟨03:30⟩ <turnover> das wird zu schnell
7 ⟨03:30⟩ <tron> no, yo estoy interrumpiendo mi mismo :)
8 ⟨03:30⟩ <turnover> da komm ich net hitnerher
9 ⟨03:30⟩ <tron> así no te preocupes
10 ⟨03:31⟩ <tron> womit, turnover ?
11 ⟨03:31⟩ <turnover> spanisch
12 ⟨03:31⟩ <turnover> hatte ich nie , kann das also net so schnell
13 ⟨03:31⟩ <doria> vale:)
14 ⟨03:31⟩ <Frozy|depri> hey ich hab sogar n paar wörter verstanden *g*
15 ⟨03:32⟩ <tron> vermeide babelfishscripte
16 ⟨03:32⟩ <doria> pero ves a turnover le corte el rollo jiji
17 ⟨03:32⟩ <tron> die verwirren bloß
18 ⟨03:32⟩ <tron> jeje
19 ⟨03:33⟩ <turnover> c'est ne pas juste
[...]
20 ⟨03:33⟩ <Frozy|depri> ehm... italiano ? *g* :P
21 ⟨03:33⟩ <engelsfeuer> franzake
22 ⟨03:33⟩ <Frozy|depri> ah baguette *g*
23 ⟨03:34⟩ <tron> mais biensûr , turnover
24 ⟨03:34⟩ <turnover> non, je n'est parle pa de "spanisch"
25 ⟨03:34⟩ <engelsfeuer> lanhgsam mach ich mir sorgen
26 ⟨03:34⟩ <engelsfeuer> –h
27 ⟨03:34⟩ <turnover> wasn?
28 ⟨03:35⟩ <engelsfeuer> ich bin froh das ich halbwegs deutsch kann

---

---

29 ⟨03:35⟩ <tron> quand je ne parlait avec toi ...
30 ⟨03:35⟩ <turnover> merde
31 ⟨03:35⟩ <turnover> *g*
32 ⟨03:35⟩ <tron> parle pas btw
33 ⟨03:35⟩ <turnover> habs s vergessen
34 ⟨03:35⟩ <tron> bei französisch muß ich auch nachdenken
35 ⟨03:35⟩ <turnover> ich auch arg
36 ⟨03:35⟩ <turnover> das war mein hassfach
37 ⟨03:36⟩ <turnover> das reicht net mal zum
pizza–bestellen
38 ⟨03:36⟩ <tron> das ist sauschwierig das nicht
durcheinanderzuschmeißen, so sattelfest bin ich
noch nicht
39 ⟨03:36⟩ <doria> moi rien français turnover
40 ⟨03:36⟩ <tron> ich hab ne weile in der französischen
schweiz gearbeitet , aber das ist fast 20 jahre her
41 ⟨03:36⟩ <doria> ni aleman
42 ⟨03:36⟩ <doria> y no me quejo jeje
43 ⟨03:36⟩ <tron> da ist nicht soviel hängengeblieben

Beispiel 19: aus doria32.log

Signifikanterweise beschwert er sich nicht über den Gebrauch der spanischen Sprache selbst, sondern lediglich darüber, dass er nicht in adäquater Geschwindigkeit mitlesen und verstehen kann.

Nachdem sich turnover mehrfach über die Geschwindigkeit, in der sich doria und tron auf Spanisch unterhalten, beschwert hat, wechselt tron auf den gemeinsamen Code Deutsch, um zu fragen, wo das Problem liegt. Daraufhin wird die Unterhaltung zunächst auf Deutsch fortgesetzt. Doria bezieht sich auf ihr vorher Gesagtes und schreibt turnover nun indirekt die Rolle des ‚Störenden' zu, da er ihr Gespräch mit tron unterbricht, was tron bestätigt. Nun macht sich turnover auf die Suche nach einer Sprache, in der alle gemeinsam interagieren können und wählt dazu Französisch, um klarzumachen, dass das nicht gerecht sei, wenn zu schnell in einer Sprache interagiert wird und andere das Geschriebene nicht oder nur schwer verstehen können. Er versucht nun also per Aushandlung zu erreichen, dass im weiteren Verlauf Französisch gesprochen wird. Es folgt zunächst eine kleine Sequenz, in der metasprachlich von Frozy | depri und engelsfeuer darüber diskutiert wird, um welche Sprache es sich bei der neu eingebrachten handeln mag. Tron hingegen antwortet turnover in der dritten Sprache, die dieser nun gewählt hat, um doria mitzuteilen, dass er kein „spanisch" spricht, wobei er in Ermangelung der französischen Terminologie in Anführungszeichen die deutsche Bezeichnung einfügt. Dies ist als Insertion zu erkennen, da lediglich ein Begriff aus einer anderen Sprache in die sich im Gebrauch befindliche einfließt. Auf engelsfeuers deutschsprachigen Einwurf hin wechselt turnover wieder die Sprache auf eine Variante des Deutschen, auf engelsfeuers Antwort auf seine Frage geht er allerdings nicht mehr ein, da tron ihm zwischenzeitlich in fehlerhaftem Französisch mitteilt, dass er nicht mit ihm gesprochen habe. Er korrigiert daraufhin seinen Fehler und turnover stellt auf Deutsch fest, dass er auch einen Fehler gemacht hat. Tron rechtfertigt seine Verbesserung dadurch, dass er auf Deutsch mitteilt, wie schwierig es ist, in zwei romanischen Sprachen zu interagieren, wenn man in beiden nicht „sattelfest" ist. Auch turnover erklärt, dass sein Französisch nicht besonders gut ist, wohl um klarzumachen, dass er sich innerhalb der Interaktion lieber auf die deutsche Sprache festlegen würde. Doria, die turnovers Beschwerde über die Interaktionsgeschwindigkeit – nicht über die verwendete Sprache – nicht verstanden hat, wechselt nun ihrerseits auf äußerst bruchstückhaftes Französisch, um klarzumachen, dass sie kein Französisch spricht, was ihr offensichtlich auch gelingt. Ferner merkt sie auf Spanisch an, dass sie des weiteren kein Deutsch spricht und sich darüber nicht beschwert, da sie davon ausgeht, dass turnover den Spanischgebrauch an sich kritisiert hat und sich nun in gewisser Weise dafür rechtfertigen will. Es findet hier also ein Wechsel vom offensichtlich nicht beherrschten Französisch in das vom angesprochenen turnover nicht beherrschte Spanisch statt. Die Verhandlungen über eine gemeinsame Sprache schlagen in diesem Beispiel also fehl, die Möglichkeit, auf die englische Sprache zu wechseln, wird nicht in Betracht gezogen. Doria, die eigentlich genug Erfahrung im Channel hat, um zu wissen, dass es sich bei Englisch um eine Sprache handelt, in der zu jeder Zeit interagiert werden kann, unternimmt diesen Versuch nicht, wodurch das Gespräch mit turnover schließlich abbricht.

In Beispiel 20, einer Begrüßungssequenz zwischen engelsfeuer und doria, findet eine Aushandlung über eine gemeinsame Sprache statt, die allerdings scheitert.

1 ⟨20:17⟩ <engelsfeuer> buenas tardes doria =)
[...]
2 ⟨20:18⟩ <doria> hola buenas tardes engelsfeuer :))
3 ⟨20:18⟩ <engelsfeuer> =)
[...]
4 ⟨20:19⟩ <engelsfeuer> cómo estás? doria *g*
[...]
5 ⟨20:20⟩ <doria> muy bien, fine thanks you?
6 ⟨20:21⟩ <doria> hiciste un saludo en español perfecto engelsfeuer :))
7 ⟨20:21⟩ <engelsfeuer> =))
8 ⟨20:21⟩ <engelsfeuer> auch sehr gut danke doria *g*

Beispiel 20: aus doria3.log

Hier begrüßt engelsfeuer doria zunächst auf Spanisch. Ihr Turn wird von doria auch auf Spanisch beantwortet, da diese allerdings aus früheren Gesprächen weiß, dass engelsfeuer der spanischen Sprache nicht mächtig ist, wechselt sie innerhalb ihres nächstes Turns ungeachtet dessen, dass engelsfeuer weiterhin Spanisch mit ihr spricht, die Sprache auf Englisch, um einen gemeinsamen Code auszuhandeln, in dem eine weiterführende Interaktion erfolgen kann. Da engelsfeuer auch nicht in der Lage ist, das Gespräch auf Englisch weiterzuführen, schlägt sie ihrerseits Deutsch vor, woraufhin das Gespräch zum Abbruch kommt, da doria des Deutschen nicht mächtig ist. Das hier angewendete Muster würde also

A1 A2 A1 A/B2 A2 C1

lauten, da eine dritte Sprache hinzukommt, die allerdings nur von einer der Teilnehmerinnen beherrscht wird. In diesem Beispiel tritt Code-Mixing auf, und zwar in der Form, als dass doria in Zeile 5 innerhalb eines Sprechereignisses von Spanisch auf Englisch wechselt.

Auch in Beispiel 21 sind einige Sprachwechsel zu verzeichnen, die auf ihre Form hin überprüft werden können.

---

1 ⟨03:25⟩ <eberts> BIER is nie ein problem :D

2 ⟨03:25⟩ <CarpeDiem> eberts nur KEIN bier isn problem :D

3 ⟨03:25⟩ <eberts> :O doch, wenn man keins hat (so wie ich gerade)

4 ⟨03:26⟩ <eberts> ja , leider

5 ⟨03:26⟩ <barrachash> ich hab auch keins ... aber halt ... wein

6 ⟨03:26⟩ <barrachash> scotch ...

7 ⟨03:26⟩ <barrachash> gin , vodka, sambuca *g+

8 ⟨03:26⟩ <eberts> schön, ich habe WASSER :(

9 ⟨03:28⟩ <doria> sambuca ¿qué tipo de bebida es?

10 ⟨03:30⟩ <barrachash> susana ... it 's very sweet ... ;) some kind of ... herbs ... i don't know what's in there ...

11 ⟨03:32⟩ <barrachash> and alcoholic ;)

12 ⟨03:32⟩ <barrachash> 40% vol.

13 ⟨03:34⟩ <eberts> so you have wine, gin , vodka and sambuca all mixed up right now? wow

14 ⟨03:34⟩ <eberts> oh, forgot the scotch

15 ⟨03:34⟩ <barrachash> nö, ich trink nur wein

16 ⟨03:34⟩ <eberts> ;)

Beispiel 21: aus doria35.log

Die Ausgangssprache in diesem Beispiel ist Deutsch. Eberts, barrachash und CarpeDiem unterhalten sich über Alkoholika, bis doria in einer zweiten Sprache, Spanisch, eine Frage stellt, die von barrachash in einer dritten Sprache, der Englischen, beantwortet wird. Daraufhin wechselt auch eberts den Code in der Meinung, dass barrachash nach ihrem Wechsel auf Englisch diesen Code beibehalten will. Die Aushandlung scheitert dadurch, dass barrachash sich weigert, in Interaktion mit eberts den bisherigen Code zu ändern und die Ausgangssprache Deutsch beibehält. Das Muster lautet

A1 A2 A1 A3 A1 B4 C3 C1 A3.

Dies kann so gedeutet werden, als dass barrachash nur in Interaktion mit bestimmten Gesprächspartnern bereit ist, den Code zu wechseln. Im Gespräch mit anderen, von denen sie weiß, dass sie Deutsch sprechen, behält sie die deutsche Sprache bei.

5.2.3 Diskursbezogene Insertionen

Durch die Einfügung von diskursbezogenen Insertionen, also die Einfügung anderssprachiger Begriffe in einen gegebenen Kontext, können auch Formen des Code-Mixings beschrieben werden.

---

1 ⟨20:47⟩ <barrachash> have you been to munich?
[...]
2 ⟨20:47⟩ <vince> yep, i'm in munich all the time
[...]
3 ⟨20:47⟩ <vince> every month, like a swiss uhr, almost

Beispiel 22: aus vince1.log

Vince wechselt hier, als Betonung seiner Anspielung auf die sprichwörtlich gewordenen schweizer Uhren, den Code nach dem Muster

... A1[B1]A1 ....

In diesem Kontext bietet sich das deutsche Wort an, da vince bewusst ist, dass er es mit deutschen Muttersprachlern zu tun hat. Diese Beispiel zeigt, dass manche Arten von Code-Mixing in einem weiteren Kontext betrachtet werden müssen. Zwar ist der Wechsel situationsbedingt ausgelöst, allerdings spielt hier das Weltwissen und die Betrachtung im größeren Diskursrahmen eine tragende Rolle (vgl. AUER 1998: 5f.).

Im untersuchten Material hat sich gezeigt, dass sich zahlreiche Formen des Code-Switchings auf die Chatkommunikation anwenden lassen. So ist zum einen der Sprachwechsel in Form von Übersetzungen zu nennen, wo die Problematik zur Diskussion steht, dass oft nicht die richtigen Worte in der Ausgangssprache gefunden werden, woraufhin auf einen Code gewechselt wird, mit dem der Sprecher besser umgehen kann als mit jenem, in dem er ursprünglich interagiert hat. Ferner können gemeinsame Sprachen ausgehandelt werden, die beide Gesprächsteilnehmer zwar nicht zwingend perferkt beherrschen, die allerdings die Grundlage dafür bilden, dass ein weiteres Gespräch überhaupt stattfinden kann. In einem Beispiel im Korpus findet sich auch eine diskursbezogene Insertion. Hierbei wird ein Wort aus einer anderen Sprache in die gerade verwendete eingefügt. Der Diskursrahmen wird auf diese Weise erweitert und weiterführende Aspekte fließen in die Unterhaltung mit ein.

5.3 Funktionen des Sprachwechsels

Ein sehr wichtiger Faktor im Rahmen der Untersuchung liegt in der Frage danach, warum in bestimmten Kontexten die Sprache gewechselt wird, welche Funktion das Code-Switching also erfüllt. Es kann sich aus vielen Gründen ergeben, dass ein Sprachwechsel vollzogen wird, sei es aus Höflichkeit, aus der Absicht heraus, zu demonstrieren, dass die Gesprächsteilnehmer offen für andere Sprachen sind oder um Gespräche aufrecht zu erhalten, obwohl die Kompetenz in einer Sprache erschöpft ist. Es besteht die Möglichkeit der Hilfeleistung – beispielsweise durch Übersetzung, wie in Kapitel 5.5 zum Thema Störungsbehebung noch näher erläutert wird –, aus Neugierde auf das Leben oder die Kultur der fremdsprachigen Person oder einfach um dem Teilnehmer zu signalisieren, dass er als Mitglied in der Gruppe akzeptiert wird, auch wenn er sich einer anderen Sprache bedient als die anderen Gesprächspartner. In jedem Fall allerdings ist ein gewisses Maß an Interesse im Allgemeinen die Voraussetzung für den Sprachwechsel. Es wird damit demonstriert, dass man dem Teilnehmer, obwohl er in einer Fremdsprache, die nicht zwingend verstanden wird, interagiert, freundlich gesinnt ist und dass keine Diskriminierung stattfindet und stattfinden wird. Anhand von Beispielen aus dem Korpus können nun die Gründe für den Code-Wechsel in der jeweiligen Situation nachgezeichnet und erläutert werden. Zum Teil werden die

Erklärungen direkt von den beteiligten Personen gegeben, zum anderen Teil müssen sie aus dem Kontext erschlossen werden.

5.3.1 Höflichkeitskriterien und Gruppenzugehörigkeit

Nach einem längeren Gespräch auf Spanisch beschließt in Beispiel 23 der Chilene Seventh, das Gespräch in Englischer Sprache weiterzuführen, da er es als „bad education", also schlechte Erziehung, erachtet, eine fremde Sprache im Umfeld vieler Menschen zu benutzen, die kein Wort von dem Gesagten verstehen.

---

1 ⟨05:41⟩ <Seventh> y más, diría yo
2 ⟨05:43⟩ <Seventh> let 's speak english
3 ⟨05:43⟩ <tron> ok
4 ⟨05:43⟩ <tron> tanja is used to that though
5 ⟨05:43⟩ <tron> i guess
6 ⟨05:43⟩ <Seventh> is bad education writing in other language when here are a lot of people
7 ⟨05:43⟩ <tron> or asleep
8 ⟨05:43⟩ <Seventh> who doesn't understand a word
9 ⟨05:43⟩ <Seventh> :DD
10 ⟨05:44⟩ <tron> lol

Beispiel 23: aus seventh2.log

Seventh impliziert mit dem Wechsel, dass die Leute denken könnten, es würde über sie oder über Dinge gesprochen werden, die sie nicht verstehen sollen. Um zu untermauern, dass diese Absicht nicht verfolgt wird, schlägt er also vor, beziehungsweise bittet er tron, auf Englisch zu wechseln, was zwar auch eine Fremdsprache ist, die allerdings von den meisten Nutzern verstanden wird. Tron stimmt dem zwar zu, gibt aber zu verstehen, dass die anderen Benutzer durchaus daran gewöhnt sind, dass häufig Spanisch gesprochen wird, sich also nicht daran stören sollten. Allerdings schwächt er das Gesagte noch mit „i guess" ab, er räumt also ein, dass er nicht mit Sicherheit sagen kann, dass seine Einschätzung den Tatsachen entspricht. Außerdem äußert er die Vermutung, dass um diese Zeit sowieso niemand mehr aktiv am Gespräch teilnimmt, weil alle bereits schlafen und es daher egal sei. Ein wichtiger Faktor für Seventh, die Sprache in eine im Channel gängige zu wechseln, ist wohl, dass er dadurch Gruppenzugehörigkeit signalisiert. Er will sich nicht selbst durch den Spanischgebrauch ausgrenzen, er möchte auch anderen die Möglichkeit bieten, sich gegebenenfalls in das Gespräch mit einzubringen, was in diesem Channel im Englischen – wie auch die Nutzerbefragung gezeigt hat – gemeinhin besser funktioniert als im Spanischen.

Anhand von Beispiel 24, das bereits in Kapitel 5.2 behandelt wurde, ist es ferner möglich, Funktionen des Code-Switchings zu erläutern. Es geht, wie bereits beschrieben, um eine Begrüßungssequenz, in der engelsfeuer doria auf Spanisch anschreibt. Das Gespräch geht nicht über Begrüßungsfloskeln hinaus, allerdings wechselt doria in Zeile 5 unvermittelt – vermutlich aus dem Wissen heraus, dass engelsfeuer kein Spanisch spricht – ins Englische. Da engelsfeuer auch des Englischen nicht mächtig ist, antwortet sie auf Deutsch. Dadurch beendet sie gleichzeitig das Gespräch, da klar wird, dass es keine Sprache gibt, die beide insoweit beherrschen, als dass sich ein tiefgreifenderes Gespräch entwickeln könnte. Auch scheint niemand zugegen zu sein, der als Übersetzer fungieren könnte.

---

1 ⟨20:17⟩ <engelsfeuer> buenas tardes doria =)

[...]

2 ⟨20:18⟩ <doria> hola buenas tardes engelsfeuer :))

3 ⟨20:18⟩ <engelsfeuer> =)

[...]

4 ⟨20:19⟩ <engelsfeuer> cómo estás? doria ∗g∗

[...]

5 ⟨20:20⟩ <doria> muy bien, fine thanks you?

6 ⟨20:21⟩ <doria> hiciste un saludo en español perfecto engelsfeuer :))

7 ⟨20:21⟩ <engelsfeuer> =))

8 ⟨20:21⟩ <engelsfeuer> auch sehr gut danke doria ∗g∗

Beispiel 24: aus doria3.log

Engelsfeuer, die weder Spanisch noch Englisch beherrscht, ist in Zeile 4 offenbar stolz darauf, dass sie doria auf Spanisch begrüßen und zudem noch fragen kann, wie es ihr geht. Dies tut sie, um doria zu zeigen, dass sie im Channel willkommen ist, obwohl sie eine andere Sprache spricht als die meisten Anwesenden. Sie geht spielerisch mit ihrem Spanischgebrauch um und untermauert das mit einen „*g*", in dem Wissen, dass doria Kenntnis darüber hat, dass engelsfeuer eigentlich kein Spanisch spricht. Deshalb antwortet doria ihr noch auf Spanisch, switcht aber innerhalb des Satzes auf Englisch und bietet engelsfeuer damit an, auf Englisch zu wechseln, da ihr in dieser Sprache die Antwort möglicherweise leichter fällt. Allerdings lässt sie es sich auch nicht nehmen, ihr zu sagen, dass sie sie sehr gut auf Spanisch begrüßt hat. Engelsfeuer versteht das allerdings nicht und weiß lediglich, dass sie gemeint war, da dorias Turn ihren Nicknamen enthält und sie damit direkt angesprochen wurde. Sie quittiert dies mit einem Smiley und wechselt erneut die Sprache, da sich keine gemeinsame finden lässt und schickt somit die Retourkutsche, indem sie in Deutsch, also einer Sprache, von der sie weiß, dass sie doria nicht sprechen kann, antwortet und sie hier ebenfalls direkt anspricht. Beide Benutzerinnen wechseln also zu einer Sprache, die der Gesprächspartner nicht beherrscht. Auch wenn dies aus der Tatsache heraus erfolgt, dass sich einfach keine gemeinsame Sprache im Repertoire der Sprecherinnen befindet, findet in gewissem Sinne eine Kodierung des jeweils Gesagten statt, die ohne Hilfe nicht aufzulösen ist. Natürlich müsste gefragt werden, inwieweit doria einfache Wörter oder Sätze im Deutschen verstehen kann, auch wenn sie selbst nicht in der Lage ist, sie zu produzieren. In jedem Fall wird durch den Deutschgebrauch von engelsfeuer klar, dass sie in keiner anderen angebotenen Sprache interagieren kann, was eine Störung auslöst, die zu beheben ohne externe Hilfe nicht möglich ist, wodurch das Gespräch endgültig abbricht. Es liegt hier also eine gescheiterte „language negotiation" nach AUER (1998) vor.

5.3.2 Wechsel auf eine gemeinsame Sprache zur Diskussion von Sprachschwierigkeiten

In Beispiel 25 wird der Code gewechselt, um metasprachlich ein Vokabelproblem zu lösen.

---

1 ⟨00:33⟩ <doria> tron... puedes ayudarme cn una traduccion?
2 ⟨00:33⟩ <zapf2000> ?Tron puede ninguna palabra español :))))
3 ⟨00:34⟩ <Ede> ¿palabra? ¿hablar? .... hmm
4 ⟨00:35⟩ <zapf2000> hablar , haben ?
5 ⟨00:35⟩ <zapf2000> palabra, srechen ?
6 ⟨00:35⟩ <Ede> haben ist tenir
7 ⟨00:35⟩ <zapf2000> +p
8 ⟨00:35⟩ <zapf2000> teneros , stimmt
9 ⟨00:36⟩ <Ede> teneros ist das kapital und haceros das proletariat ... oder wie war ds?
10 ⟨00:36⟩ <zapf2000> stimmt , palabra ist "das wort"
11 ⟨00:36⟩ <Ede> sprichwort auch, oder?
12 ⟨00:37⟩ <zapf2000> kann gut sein
13 ⟨00:37⟩ <zapf2000> ich hatte nur 1 semester spanischeinführung

---

Beispiel 25: aus doria40.log

Der Ausgangscode ist hier die spanische Sprache, doria und zapf2000 sprechen tron an, der für sie übersetzen soll. Dabei wählt zapf2000 ein falsches Wort, woraufhin sich Ede einschaltet. Daraufhin diskutieren die beiden über die Bedeutung einzelner spanischer Vokabeln und es kommt zum Wechsel auf Deutsch, da dies die Sprache ist, mit der beide Gesprächsteilnehmer sicher umgehen können. Der Sprachwechsel hat hier also die Funktion der Verständnissicherung in Hinblick auf die richtige Wortwahl im Spanischen.

5.3.3 Verweigerung eines Sprachwechsels

Auch das Nichtwechseln des Codes kann eine Funktion oder Bedeutung haben. In Beispiel 26 markiert Seventh den Code, in dem er interagieren will, deutlich erkennbar als Englisch, da er es verweigert, obwohl er auf Spanisch angesprochen wird, in spanischer Sprache zu interagieren, von der Begrüßung dorias abgesehen.

---

1 ⟨03:34⟩ <zapf2000> hola Seventh :)))
2 ⟨03:34⟩ <zapf2000> ¿k tl?
[...]
3 ⟨03:34⟩ <Seventh> :D
4 ⟨03:35⟩ <doria> Hola seventh
5 ⟨03:35⟩ <Seventh> Hola Doria =)*********
6 ⟨03:35⟩ <Seventh> i like this channel, everybody is nice :D
[...]
7 ⟨03:35⟩ <doria> sí lo son y mucho

Beispiel 26: aus doria2.log

Zapf2000 fragt Seventh auf Spanisch, wie es ihm geht, dieser ignoriert die Frage und schreibt einen Beitrag in englischer Sprache. Doria hingegen antwortet auf seinen englischen Satz mit einem spanischen Beitrag und verweigert hier – vermutlich aus ähnlichen Gründen wie barrachash in Beispiel 27 – den Wechsel in jene Sprache, die für sie eine Fremdsprache darstellt, in dem Wissen, dass Seventh als Chilene auch Spanisch spricht.

Im in Kapitel 5.2 bereits auf seine Formen hin überprüften Beispiel 27, anhand dessen auch die Funktionen des Code-Switchings untersucht werden können, unterhält sich eberts zunächst mit barrachash und CarpeDiem auf Deutsch. Als barrachash dann, von doria angesprochen, den Code wechselt, switcht eberts ebenfalls auf Englisch.

---

1 ⟨03:25⟩ <eberts> BIER is nie ein problem :D
2 ⟨03:25⟩ <CarpeDiem> eberts nur KEIN bier isn problem :D
3 ⟨03:25⟩ <eberts> :O doch, wenn man keins hat (so wie ich gerade)
4 ⟨03:26⟩ <eberts> ja , leider
5 ⟨03:26⟩ <barrachash> ich hab auch keins ... aber halt ... wein
6 ⟨03:26⟩ <barrachash> scotch ...
7 ⟨03:26⟩ <barrachash> gin , vodka, sambuca *g+
8 ⟨03:26⟩ <eberts> schön, ich habe WASSER :(
9 ⟨03:28⟩ <doria> sambuca ¿qué tipo de bebida es?
10 ⟨03:30⟩ <barrachash> susana ... it 's very sweet ... ;) some kind of ... herbs ... i don't know what's in there ...
11 ⟨03:32⟩ <barrachash> and alcoholic ;)
12 ⟨03:32⟩ <barrachash> 40% vol.
13 ⟨03:34⟩ <eberts> so you have wine, gin , vodka and sambuca all mixed up right now? wow
14 ⟨03:34⟩ <eberts> oh, forgot the scotch
15 ⟨03:34⟩ <barrachash> nö, ich trink nur wein
16 ⟨03:34⟩ <eberts> ;)

Beispiel 27: aus doria35.log

In diesem Gespräch zählt barrachash die alkoholischen Getränke auf, die sie zu Hause hat. Doria geht darauf ein und fragt auf Spanisch, was Sambuca für eine Art von Getränk sei, da sie es nicht kennt. Barrachash, die nicht in der Lage ist, ihr auf Spanisch zu antworten, wechselt auf Grund mangelnder Sprachkompetenz ins Englische, um es ihr zu erklären. Eberts registriert den Wechsel und wechselt seinerseits ebenfalls die Sprache, um mit barrachash in einem Code zu interagieren, der allgemein verständlich ist. Offenbar ist hier das Problem der Gruppensolidarität ausschlaggebend, eberts empfindet es als unhöflich, in einer Sprache zu interagieren, die andere Chatteilnehmer nicht verstehen. Barrachash antwortet auf Deutsch, da sie weiß, dass eberts Deutscher ist und sie es nicht für notwendig hält, sich in einer anderen als der deutschen Sprache mit ihm zu unterhalten, da dies mit mehr Mühe – Finden der richtigen Wörter oder syntaktischen Strukturen – verbunden wäre. Sie ist hier zwar bereit, mit doria, von der sie weiß, dass sie kein Deutsch versteht, auf Englisch zu interagieren, nicht jedoch mit einem Deutschen, da hier ihres Erachtens einfach nicht die Notwendigkeit besteht, die Sprache zu wechseln.

Häufig fungiert der Sprachwechsel als Höflichkeitskriterium, er wird also einerseits durchgeführt, um dem Gesprächspartner zu zeigen, dass er in der Gemeinschaft Willkommen ist und dass es im Grunde egal ist, welche Sprache er verwendet. Es findet keine Ausgrenzung des Chatters statt, vielmehr wird sich allgemein darum bemüht, dass die Gespräche in einer für ihn verständlichen Sprache geführt werden, so dass er sich bei Bedarf möglicherweise einbringen kann. Auch um sprachliche Probleme zu lösen und die Probleme metasprachlich zu behandeln, wird auf eine gemeinsame Sprache gewechselt – bevorzugt auf jene, die die Teilnehmer am besten beherrschen –, damit sichergestellt ist, dass die Probleme behoben und die Störungen aus der Welt geschafft werden. Ebenso wie den Wechsel auf eine gemeinsame Sprache, findet sich die Verweigerung dieses Wechsels. Die Gesprächsteilnehmer sind in diesem Fall nicht gewillt, mit Interaktionspartnern, von denen sie genau wissen, dass sie jenen Code beherrschen, der ihnen am gängigsten ist, in einer anderen Sprache zu interagieren, da sie hierfür keine Notwendigkeit sehen oder zu bequem sind, sich in die andere Sprache einzudenken.

5.4 Welche Werkzeuge werden verwendet?

Aus der Befragung der Benutzer in #ggrn.de geht hervor, dass sie unterschiedlichste Methoden verwenden, um mit anderen Benutzern in einer Fremdsprache zu kommunizieren. Vorausgesetzt ist natürlich immer, dass die Nutzer überhaupt bereit sind, sich auf ein Gespräch in einer anderen Sprache als der deutschen einzulassen. Dies ist zwar nicht bei allen, so doch bei den meisten #ggrn.de-Benutzern der Fall. Für einzelne Vokabeln wird gern die Übersetzungsseite dict.leo.org verwendet, für längere Passagen greifen der Befragung zufolge die meisten Benutzer zu Onlineübersetzern. In einem Fall wird das Übersestzungswerkzeug von Mibbit in Anspruch genommen und einige Benutzer greifen auf Wörterbücher zurück.

5.4.1 Online-Wörterbuch dict.leo.org

Der Befragung zufolge, wird am liebsten die Übersetzungsseite dict.leo.org zu Hilfe genommen, auf der man einzelne Wörter oder ganze Wendungen von Deutsch in die Sprachen Englisch, Französisch, Italienisch, Spanisch und Chinesisch übersetzen lassen kann oder von den jeweiligen Sprachen ins Deutsche. Die Seite ist als ein Nachschlagewerk ähnlich einem Wörterbuch gedacht, nur werden hier wesentlich mehr Beispiele für die Benutzung des Wortes innerhalb von Sätzen geliefert, als das in der Printausgabe eines Wörterbuches möglich wäre. Zur Verwendung des Übersetzers wird beispielsweise das Wort ‚tarde' in das Eingabefeld des Spanisch-Deutsch-Übersetzers eingegeben, woraufhin sich die Staffelung der einzelnen Einträge wie in Abbildung 3 ergibt.

Hier werden dem zu übersetzenden Wort zugehörige Synonyme in der Zielsprache aufgelistet und anhand vieler Beispiele – es sind auch Hörbeispiele verfügbar, mit deren Hilfe dem Benutzer die Aussprache des Wortes oder der Phrase nähergebracht werden soll – wird die Verwendung des Wortes innerhalb eines Satzes gezeigt. Ferner enthält die Ausgabe – wenn vorhanden – orthographisch ähnliche Wörter in der Ausgangs- und Zielsprache und häufig auch Verweise auf Verbtabellen oder Forenbeiträge im websiteeigenen Diskussionsforum für Benutzer der Seite.

Auch wenn die Nutzerbefragung ergeben hat, dass etwa zwei Drittel der vertretenen Stammchatter die Webseite regelmäßig oder bei Bedarf benutzen, so gibt es sehr wenige

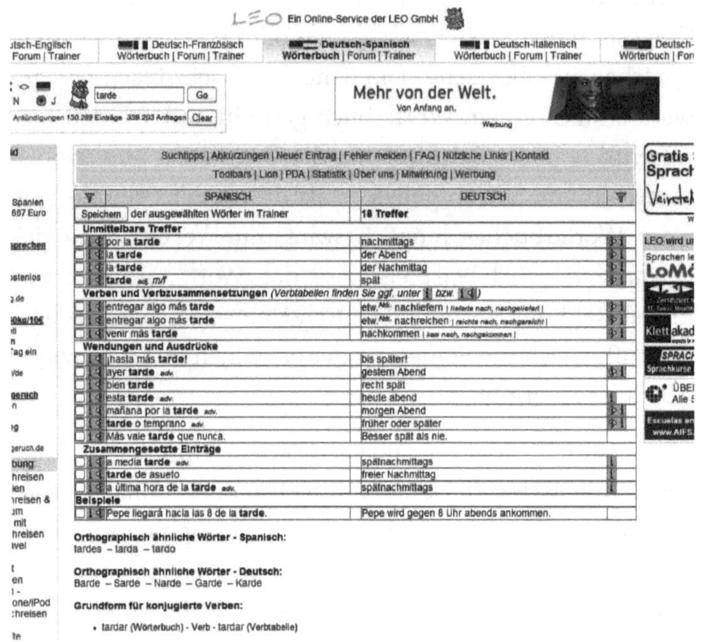

Abbildung 3: Das Wort ‚tarde' nach der Eingabe in dict.leo.org

Belege innerhalb der Chatlogs dafür, dass die Website tatsächlich verwendet wird, um den spanischen Nutzern in ihrer Muttersprache antworten zu können. Im Beispiel 28 jedoch wird erwähnt, dass das Programm „komisch übersetzt" habe, somit möglicherweise eine Störung vorliegt, die die Benutzung der Seite erst erwähnenswert macht:

```
1  ⟨20:46⟩ <Floh> leo.org hat mal komisch übersetzt bei
           mir
2  ⟨20:46⟩ <Floh> +ja
```

Beispiel 28: aus doria17.log

Es ist fraglich, welche Eingabe der Chatter bei dict.leo.org getätigt hat, da das Programm keine ganzen Sätze interpretieren kann. Es werden Übereinstimmungen mit in der Datenbank vertretenen Wörtern gesucht und ausgegeben. Da konjugierte Verben nicht im Datensatz enthalten sind, kann das Programm Formen wie ‚pasando' nicht verarbeiten und gibt lediglich einen Verweis auf orthographisch ähnliche Wörter und die Grundform des Verbs aus. Die Website zielt in der Grundidee nicht darauf ab, als Übersetzungsprogramm zu dienen, es handelt sich vielmehr um die Onlineversion eines Wörterbuchs. Das Programm ist also nicht dafür vorgesehen, längere Passagen korrekt zu übersetzen oder syntaktisch richtige Ergebnisse zu liefern, Ziel ist es vielmehr, die Bedeutung von Einzelwörtern zu klären. Die Seite ist als Nachschlagewerk vorgesehen, also als Übersetzungshilfe, nicht aber als eigentliches Übersetzungsprogramm, das die gesamte Eingabe richtig in der Zielsprache wiedergibt. So ist es durchaus nützlich, innerhalb der Chatkommunikation nach Wörtern zu suchen, die nicht auf Anhieb verstanden werden oder um ein fehlendes Wort zu ergänzen, zur Übersetzung umfangreicherer Äußerungen muss – schon allein deshalb, weil die Semantik der Lexeme mit der verwendeten Syntax variieren kann – bei Bedarf allerdings auf andere Programme zurückgegriffen werden.

5.4.2 Nutzung des Übersetzungsprogramms Babel Fish

Eine Möglichkeit hierfür bietet die Benutzung des bei den Chattern ebenfalls sehr beliebten Programms Babel Fish[9] , das der Benutzer John in Beispiel 29 verwenden will.

---

1 ⟨04:03⟩ <John> aha bablefish
2 ⟨04:04⟩ <John> yes susana
3 ⟨04:04⟩ <zapf2000> normally this is a german channel
4 ⟨04:04⟩ <zapf2000> but we all can speak a bit english ;)
5 ⟨04:05⟩ <John> ok ill use bable fish

Beispiel 29: aus doria17.log

Das ist die Idee dieses Programms: Der Nutzer gibt einen

[9] http://de.babelfish.yahoo.com/, zuletzt aufgerufen am 8.10.2009. Der Name leitet sich von dem kleinen Fisch – dem ‚Babel fish' – ab, den sich die Figuren in Douglas Adams' ‚The Hitchhiker's Guide to the Galaxy' – in Anlehnung an die biblische Sprachverwirrung wegen des Turmbaus zu Babel – ins Ohr stecken, um fremde Sprachen verstehen zu können.

oder mehrere Sätze in einer Sprache in das Eingabefeld des Übersetzers ein, wählt die Sprachen aus, aus der und in die die Eingabe übersetzt werden soll, drückt den Übersetzungsbutton und erhält dann die Entsprechung in der Zielsprache. Da das Programm allerdings nicht von jeder Sprache in jede beliebige andere übersetzt – von Deutsch nach Spanisch übersetzen zu lassen funktioniert beispielsweise nicht – müsste man, wollte man das Programm tatsächlich verwenden, zunächst vom Deutschen ins Englische oder Französische übersetzen lassen und von dort aus ins Spanische, was natürlich fehleranfälliger ist als der direkte Weg. Derartige Übersetzungsprogramme wurden zwar über die Jahre seit ihrer Entwicklung immer wieder verbessert und optimiert, allerdings ist die Fehlerquote nach wie vor sehr hoch. Ersichtlich wird dies, wenn man einen – zugegebenermaßen recht komplexen – Teil des Textes aus AUER (1998) in Babel Fish eingibt und vom Englischen ins Deutsche übersetzen lässt:

> „[...] Code-Switching is related to and indicative of group membership in particular types of bilingual speech communities, such that the regularities of the alternating use of two or more languages within one conversation may vary to a considerable degree between speech communities."
>
> AUER (1998: 3)

Der Übersetzungsvorschlag lautet wie folgt:

> Code-Schaltung hängt mit zusammen und hinweisend von der Gruppenmitgliedschaft

> schreibt insbesondere von den zweisprachigen Sprachegemeinschaften, so, dass die Gleichmässigkeiten des wechselnden Gebrauches von zwei oder mehr Sprachen innerhalb eines Gespräches zu einem beträchtlichen Grad zwischen Sprachegemeinschaften schwanken kann.
>
> Übersetzung von Babel Fish am 9.10.2009

Es ist also offensichtlich, dass das Programm mit gewissen Konstruktionen nicht sehr effektiv arbeitet und dabei zeigt sich auch, dass mit Übersetzungsprogrammen nur gearbeitet werden sollte, wenn syntaktisch und morphologisch eindeutige Eingaben vorliegen. So sollten Homonyme wie ‚types', das sowohl als Substantiv im Plural als auch als konjugierte Verbform existiert, vermieden werden. Auch wenn die Eingabe selbst bereits Fehler aufweist oder ungenau ist, liefert das Programm Ergebnisse, die die Übersetzung in der Zielsprache bis zur Unkenntlichkeit entstellen können. Dies ist vor allem bei umgangssprachlichen Wendungen oder Abkürzungen ebenfalls der Fall, wie bei simplen Tippfehlern, die das Ergebnis verfälschen. Ein Benutzer gibt in der Befragung als Grund dafür, dass er sich in Unterhaltungen lediglich auf menschliche Übersetzer verlässt, an, dass die gängigen Übersetzungsprogramme seiner Meinung nach nicht ausgereift genug sind, um komplexe, an mündlichen Gesprächen orientierte Äußerungen adäquat zu übertragen. Da diese Form der Sprache im Chat häufiger anzutreffen ist als formelle Sprache – vielfach werden die Sätze hier nicht einmal ausformuliert, sie sind praktisch dafür gemacht, aus dem Kontext heraus verstanden zu werden –, ist es wohl nicht ratsam, auf Programme dieser Art zurückzugreifen. Um Begrüßungs- oder Verabschiedungsfloskeln zu übersetzen, reichen die Übersetzer zwar aus, allerdings sollte darauf verzichtet werden, bei komplexeren Konstruktionen auf ein korrektes Ergebnis zu hoffen. Auch ist selbstverständlich auf eine Eingabe in korrekter Rechtschreibung und Zeichensetzung zu achten, da es sonst ebenfalls zu falschen Ergebnissen kommt. Würde John seinen Satz „ok ill use bable fish" selbst in das Programm eingeben, so erhielte er als Ergebnis ‚bable Fische des okay kranken Gebrauches', was sicherlich nicht den Sinn dessen erfasst, was er eigentlich sagen wollte.

5.4.3 Google-Übersetzer

Auch der von Google angebotene Übersetzer[10], der dem Babel Fish in der Funktion sehr ähnelt, wurde in der Befragung häufig als Hilfsmittel zur Übersetzung aus fremden Sprachen angebracht. Vom Prinzip her funktioniert dieses Übersetzungsprogramm genauso wie der Babel Fish-Übersetzer, jedoch stehen beim Google-Tool wesentlich mehr Sprachen zur Verfügung, aus denen und in die übersetzt werden kann, so dass hier nicht der Weg über eine andere Sprache gewählt werden muss. Zur Vergleichbarkeit der beiden Übersetzungswerkzeuge wurde der gleiche Text von AUER (1998), mit dem bereits der Babel Fish-Übersetzer getestet wurde, auch in den Google-Übersetzer eingeben. Das Ergebnis sieht wie folgt aus:

[10] über die Website http://translate.google.de zu erreichen, zuletzt aufgerufen am 8.10.2009

> Code-Switching ist und vorläufige Mitgliedschaft in der Gruppe bestimmte Arten des bilingualen Sprachgemeinschaften, so dass die Gesetzmäßigkeiten von den wechselnden Einsatz von zwei oder mehr Sprachen innerhalb eines Gesprächs kann variieren, um ein beträchtliches Maß zwischen Sprachgemeinschaften in Zusammenhang stehen.
>
> Übersetzung mit Google am 9.10.2009

Es lässt sich also erneut festhalten, dass Übersetzungsprogramme dieser Art überaus unausgereift sind und mit komplizierteren syntaktischen Konstruktionen nicht zurecht kommen. Zwar werden die Lexeme korrekt übersetzt, die Syntax allerdings wird nicht adäquat in die Zielsprache übertragen. Auch dieses Programm mag für einfachere Konstruktionen ausreichen, jedoch treten bei komplexeren Sätzen schwerwiegende Mängel zu Tage. Der Satz „ok ill use bable fish", den der Benutzer John verwendet, wird durch den Google-Übersetzer folgendermaßen interpretiert: „ok ill use bable Fisch". Es ist streitbar, welches der beiden Systeme besser funktioniert, vielleicht sollten von Chatbenutzen lieber Dolmetscher in Form anderer Chatbeteiligter zu Rate gezogen werden, als dass sie sich auf die Webübersetzer verlassen.

Google bietet neben dem Übersetzungsprogramm auch ein Programm für Webseiten an, das jederzeit in die eigene Homepage integriert werden kann. Dabei kann der Autor auf die Übersetzungsfunktion von Google zurückgreifen, um die Texte auf seiner Webseite automatisch in verschiedene Sprachen übersetzen zu lassen. Von dieser Möglichkeit macht der Mibbit-Client Gebrauch, der im folgenden Kapitel beschrieben wird.

5.4.4 Live-Übersetzung mit Mibbit

Eine Alternative zu externen Übersetzungsprogrammen bietet der Webchat-Client Mibbit, in den ein Übersetzungsprogramm integriert ist. Man betritt dabei einen Channel nicht mit einem gewöhnlichen IRC-Client, sondern über eine Website, und wählt sich von dort aus auf den Server ein. Bei Mibbit besteht, wie Abbildung 4 zeigt, die Möglichkeit, eine Sprache einzustellen, in die oder aus der der Client synchron übersetzt.

Die Übersetzung wird folgendermaßen realisiert: Der Benutzer gibt einen Text in einer beliebigen Sprache in die Eingabezeile ein, wählt die Sprache aus, in die das Programm das Geschriebene übersetzen soll, drückt die Entertaste und auf dem Bildschirm erscheint der gerade geschriebene Text in der Ursprungssprache, dahinter steht in Klammern die Übersetzung in der Zielsprache – der Originaltext ist allerdings nur für denjenigen sichtbar, der ihn verfasst hat. Alle anderen Chatbenutzer sehen den in die Zielsprache übersetzten Beitrag. Abbildung 4 veranschaulicht die Technik, in Beispiel 30 wird dargestellt, wie die Ausgabe im jeweiligen Client aussieht. Auch wenn ein anderer Benutzer den Mibbit-Client benutzen würde, würde er nur die in die Zielsprache übersetzte Variante des Satzes sehen. Es wurde hier die Übersetzung der eingegebenen Beiträge in die spanische

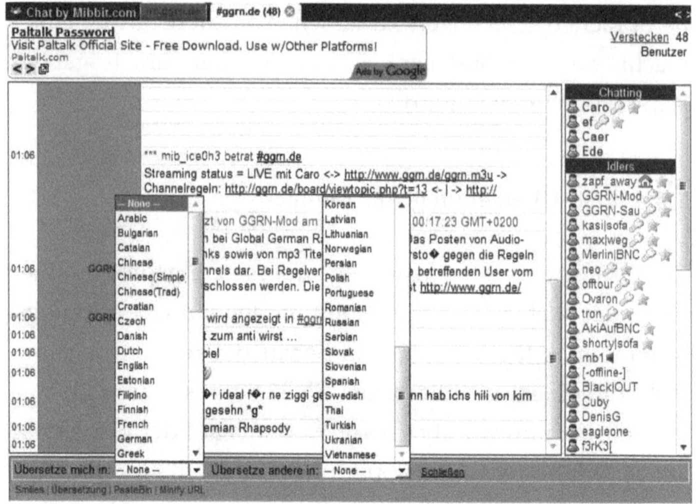

Abbildung 4: Übersetzung mit Mibbit

Sprache gewählt, die Eingabe erfolgte auf Deutsch.

Im Mibbit-Client erscheint die spanische Variante in Klammern hinter der ursprünglichen deutschen Eingabe:

1 ⟨14:24⟩ <mib_dnw926> Fischers Fritz fischt frische Fische (Fritz Fischer peces pescados frescos)

Die Clients anderer Benutzer liefern folgende Ausgabe:

1 ⟨14:24⟩ <mib_dnw926> Fritz Fischer peces pescados frescos

Beispiel 30: Aktiviertes Übersetzungsprogramm bei Mibbit von eigenen Beiträgen ins Spanische

Lässt man die Texte anderer Chatteilnehmer aus anderen

Sprachen ins Spanische übersetzen, so ergibt sich das in Beispiel 31 gezeigte Bild.

Aus der Sicht des Mibbit-Benutzers:

1 ⟨14:35⟩ <mib_dnw926> kann ma bitte jemand was auf englisch schreiben?
2 ⟨14:36⟩ <kasi|sofa> ¿Te gustaría escribir en alemán, por favor?? (would you like to write in german, please ??)
3 ⟨14:36⟩ <kasi|sofa> porque no puedo español * g * (weil i can kein spanisch *g*)

Entsprechende Passage erscheint im XChat-Client in dieser Form:

1 ⟨14:35⟩ <mib_dnw926> kann ma bitte jemand was auf englisch schreiben?
2 ⟨14:36⟩ <kasi|sofa> would you like to write in german, please ?¿?
3 ⟨14:36⟩ <kasi|sofa> weil i can kein spanisch *g*

Beispiel 31: Aktiviertes Übersetzungsprogramm bei Mibbit von ankommenden Beiträgen ins Spanische

Der Mibbit-Benutzer erhält sowohl die Übersetzung in die Zielsprache als auch den Originaltext in Klammern dahinter. Hierbei ist es interessanterweise irrelevant, welcher Sprache die lexikalischen Elemente der Ursprungstexte entnommen sind, wichtig scheint nur zu sein, dass die Syntax korrekt ist. Das Programm erkennt die einzelnen Wörter und das Ergebnis ist immer die Übersetzung in jener Sprache, die als Zielsprache ausgewählt ist, in diesem Fall Spanisch. Auch ein Satz, innerhalb dessen Code-Mixing, hier vom Deutschen ins Englische, angewendet wird, wird komplett ins Spanische übersetzt. Wird ein Wort nicht erkannt – beispielsweise weil es orthographisch nicht korrekt ist oder es sich um ein Dialektwort handelt –, so behält das Programm das einzelne Wort als Eigenname in der Zielsprache bei und übersetzt den Rest ohne das nicht erkennbare Wort. War das entsprechende Lexem von hohem semantischen Wert, so kann in der Übersetzung ein mehr oder weniger sinnentstellter Satz entstehen.

Auch bei diesem Programm gilt also, dass es nur in solchen Fällen korrekte Übersetzungen liefert, in denen eine klare und einfache Syntax verwendet wird und somit keine langen und komplizierten Konstruktionen zu übersetzen sind. Ein weiteres Problem besteht hier darin, dass Akzente oder Umlaute gegebenenfalls nicht berücksichtigt und die jeweils betroffenen Buchstaben einfach weggelassen werden. Das führt dazu, dass das zu übersetzende Wort entstellt und damit einhergehend oftmals unübersetzbar gemacht wird oder – sollte ein Wort existieren, das mit dem übereinstimmt, das durch den Wegfall entstanden ist – der Begriff mit einer anderen Bedeutung übersetzt wird, was wiederum den Sinn des Gesagten nicht erfassen würde.[11]

Alles in Allem können Übersetzungsprogramme oder -websites für oberflächliche Gespräche im Chat zwar eingesetzt werden, allerdings weisen sie gravierende Mängel auf,

[11] Die Ausgabe in spanischer Sprache allerdings enthält sowohl Akzente als auch Umlaute, auch die selbst zur Unterhaltung beigesteuerten Texte sind in korrekter Schreibung wiedergegeben, lediglich die Beiträge anderer Benutzer können – aufgrund einer möglichen Inkompatibilität der verwendeten Zeichensätzen seitens der Benutzer – nicht gelesen und somit nicht richtig ausgegeben werden.

da es sich eben um Programme handelt, die Datenbanken abgleichen und in denen Orthographie- oder einfache Tippfehler nicht berücksichtigt werden können. Meist kann zwar der Sinn erfasst werden, eine tiefgreifende Unterhaltung ist allerdings nur schwer möglich. In diesem Fall bedarf es beispielsweise der Hilfe anderer, die die Zielsprache besser beherrschen, um die Verständigung sicherzustellen und Missverständnissen vorzubeugen. Diese Möglichkeiten werden im folgenden Kapitel analysiert.

5.5 Möglichkeiten zur Behebung von Störungen

Störungen treten innerhalb eines Gesprächs dann auf, wenn es zu einem Missverständnis zwischen den Teilnehmern kommt, sei es dadurch, dass sich jemand aufgrund eines Kommentars eines anderen angegriffen fühlt, durch fehlerhaftes Lesen eines Beitrages, unpräzise Ausdrucksweise oder eben dadurch, dass in einer Fremdsprache interagiert und das Gesagte nicht richtig verstanden wird. In diesem Fall bedarf es der Klärung, entweder durch Dritte, die zwischen den beiden Gesprächspartnern vermitteln oder übersetzen oder durch die jeweiligen Teilnehmer selbst, die sich gegenseitig dann insofern verständigen müssen, als dass der eine signalisiert, dass er den anderen nicht verstanden hat und jener das Missverständnis selbst in anderen Worten, durch den Wechsel auf eine andere – gemeinsame – Sprache oder durch Entschuldigung für die missverständliche Wortwahl aufklärt.

Innerhalb der untersuchten Gesprächsausschnitte war auffällig, dass bei Verständnisschwierigkeiten, die zu Störungen innerhalb der Kommunikation führen können, mehrere Möglichkeiten zu ihrer Behebung genutzt wurden. Entweder wurden andere zur Hilfe genommen, um durch Übersetzung einzelner Passagen oder Terminologien entsprechende Missverständnisse aufzuklären, so dass doch Verständnis erreicht werden konnte, oder es erfolgte der Wechsel auf eine gemeinsame Sprache, um sicherzustellen, dass die Nutzer sich gegenseitig nicht missverstehen. Ziel war es in jedem Fall, letzten Endes das gegenseitige Verstehen sicher zu stellen.

5.5.1 Zuhilfenahme anderer Teilnehmer auf metasprachlicher Ebene

Die Möglichkeit, mit anderen Chatteilnehmern über Unklarheiten in Bezug auf einzelne Wörter zu diskutieren, wird im untersuchten Material mehrfach wahrgenommen. Bereits in Beispiel 25 in Kapitel 5.3.2 wurde dieses Thema unter Funktionen des Sprachwechsels bearbeitet. In Beispiel 32, in dem das Wort ‚tarde' nicht verstanden wird und mehrere Nutzer nun metasprachlich über dessen Bedeutung diskutieren, wird die Möglichkeit der Zuhilfenahme anderer Teilnehmer unter dem Aspekt der Störungsbehebung untersucht.
Das Gespräch beginnt damit, dass die Benutzerin barrachash die spanische Chatteilnehmerin doria auf Spanisch begrüßt (und dabei auch das englische Akronym ‚btw' für ‚by the way', also ‚übrigens' verwendet), doria antwortet auf

Deutsch mit „hallo", da sie weiß, dass es sich bei barrachash um eine Deutsche handelt - vielleicht, um Solidarität ihr und der Tatsache gegenüber zu zeigen, dass barrachash sie zuvor in dorias Muttersprache begrüßt hat - und fragt dann in spanischer Sprache, wie es barrachash geht. Diese antwortet auf Spanisch und bekommt wieder eine spanische Antwort, zwischenzeitlich wird doria von einem anderen Benutzer - tron - angesprochen und begrüßt, sie antwortet zwar auf den Gruß, indem sie zurückgrüßt, ein weiterführendes Gespräch kommt allerdings nicht zu Stande. Nun stellt barrachash ein Problem fest, sie fragt ohne Zuschreibung des Turns an einen bestimmten Benutzer, was ‚tarde' bedeutet und bekommt eine Antwort von Tux, der zu wissen glaubt, dass es ‚spät' heißt.

1 ⟨20:33⟩ <barrachash> hola susana, btw :)
[...]
2 ⟨20:37⟩ <doria> hallo tanja :) qué tal?
3 ⟨20:38⟩ <barrachash> muy bien, susana, y tu?
4 ⟨20:40⟩ <tron> hola susana
5 ⟨20:41⟩ <doria> yo idem tanja
6 ⟨20:41⟩ <doria> pasando la tarde tranquilamente
7 ⟨20:41⟩ <doria> hola tron
8 ⟨20:42⟩ <barrachash> wasn tarde?
9 ⟨20:42⟩ <Tux> spät
10 ⟨20:42⟩ <Tux> glaub ich
11 ⟨20:42⟩ <barrachash> kann net sein
12 ⟨20:42⟩ <ubu> wäre logisch , ja
13 ⟨20:43⟩ <Floh> ist das spanisch?
14 ⟨20:43⟩ <Floh> ????
15 ⟨20:43⟩ <barrachash> jepp, flo
16 ⟨20:43⟩ <Tux> ich sag ja, glaub ich
17 ⟨20:43⟩ <ubu> yep
18 ⟨20:43⟩ <barrachash> es hat nen artikel ...
19 ⟨20:43⟩ <barrachash> spät isn adverb, oder? *g*
20 ⟨20:43⟩ <Floh> la tarde der Abend
21 ⟨20:43⟩ <barrachash> DAS macht sinn ;)
22 ⟨20:44⟩ <Floh> tarde adj. m/f spät
23 ⟨20:44⟩ <Tux> na sag ich doch... spät.. abend halt
24 ⟨20:44⟩ <ubu> Sie macht heute wohl einen ruhigen Abend
25 ⟨20:44⟩ <Tux> sie hat anscheinend einen ruhigen abend *g*
26 ⟨20:45⟩ <doria> tarde= afternoon evening)
27 ⟨20:45⟩ <Tux> gracias :)
[...]
28 ⟨20:46⟩ <barrachash> den rest habsch auch verstanden, stefan
29 ⟨20:46⟩ <barrachash> susana: :)))))))))
30 ⟨20:47⟩ <Tux> luca spielt nich :(

Beispiel 32: aus doria17.log

Es beginnt nun also ein neues Gespräch auf metasprachlicher Ebene, das auf Deutsch geführt wird und die spanische Sprache zum Inhalt hat. Barrachash ist der Meinung, ‚tarde' könne nicht ‚spät' heißen, sie bezieht sich damit auf den Satz von doria in Zeile 6, wo sie sagt „pasando la tarde tranquilamente", wo ‚tarde' ein Artikel vorausgeht, es sich dabei somit um ein Substantiv handeln muss. Barrachash übersieht hier, dass sie eigentlich die Frage falsch gestellt hatte und nach ‚la tarde' – anstelle von ‚tarde' ohne Artikel – hätte fragen müssen. Floh mischt sich nun in das Gespräch ein und fragt zunächst, ob es sich bei der Sprache, die doria verwendet, um Spanisch handelt, was darauf schließen lässt, dass sein multilinguales Repertoire Spanisch nicht umfasst, da er die Sprache sonst ohne Nachfrage zumindest hätte sicher identifizieren können. Mit Hilfe der Übersetzungswebsite ‚dict.leo.org' gelingt es ihm schließlich, herauszufinden, dass ‚la tarde' so viel bedeutet wie ‚der Abend', ‚tarde' allein ‚spät'. Somit gibt er allen Beteiligten recht und hilft, die Störung zu beheben. Tux versucht noch, mit der semantischen Verbindung der Wörter ‚spät' und ‚Abend' zu argumentieren und impliziert mit seinem Beitrag in Zeile 23, dass sein ‚spät' als ‚Abend' hätte interpretiert werden können. Nun folgen zwei Übersetzungsvorschläge durch ubu und Tux, woraufhin doria selbst noch die Übersetzung für ‚tarde' auf Englisch, also einem Code, der allgemein verstanden wird, nachreicht. Tux bedankt sich auf Spanisch für die Übersetzung – vermutlich, um seine Spanischkenntnisse zu untermauern –, barrachash tut den Übersetzungsvorschlag von Tux auf Deutsch damit ab, dass er nicht notwendig gewesen wäre, da sie den Rest des Satzes verstanden hatte und quittiert die Hilfe von doria – und vermutlich auch ihren Kommentar aus Zeile 6 – mit einem sehr fröhlichen Smiley. Direkt nach der Diskussion erfolgt ein Themen- und damit einhergehend ein Sprachwechsel, es wird im weiteren Verlauf auf Deutsch über Fußball gesprochen.

5.5.2 Zuhilfenahme anderer Teilnehmer durch die Bitte um Übersetzung

Eine ähnliche Situation wie in Beispiel 32 findet sich in Beispiel 33, wo xeroOTG, ein amerikanischer Chatteilnehmer, sich damit entschuldigt, dass er „pissed" sei, was in diesem Kontext ‚betrunken' bedeutet. Doria versteht das Wort nicht und wendet sich an tron, indem sie ihn per Zuschreibung des Turns durch Erwähnung des Nicks und somit durch direktes Ansprechen bittet, ihr das Wort zu übersetzen. Tron antwortet prompt in Zeile 4, um in Zeile 6 festzustellen, dass doria, die Spanierin ist, seinen „chilenismo" nicht verstehen könnte und versucht es in Zeile 9 mit spanischen Entsprechungen erneut. Nun versteht doria das Gesagte und bedankt sich bei tron auf Spanisch für die Übersetzung, was dieser mit „de nada :)" quittiert. Hier wird also kein Code-Switching vollzogen, vielmehr geht es um die Behebung einer Störung dadurch, dass ein anderer Teilnehmer herangezogen wird, um den entsprechenden Terminus zu übersetzen.

---

1 ⟨00:57⟩ <xeroOTG> no worries... im pissed :)
2 ⟨04:47⟩ <doria> tron q significa pissed?
3 ⟨04:47⟩ <EdePopede> he did it
4 ⟨04:48⟩ <tron> curado, doria
5 ⟨04:48⟩ <zapf2000> thx for listening , danke fürs zuhören
6 ⟨04:48⟩ <tron> hmm, si eso no es un chilenismo ...
7 ⟨04:48⟩ <tron> thx fürs streaming, maestro :)
8 ⟨04:48⟩ <zapf2000> nix zu danken stefan
9 ⟨04:48⟩ <tron> demasiado copete/trago
[...]
10 ⟨04:49⟩ <doria> gracias tron por la traducción :)
11 ⟨04:50⟩ <tron> de nada :)

Beispiel 33: aus doria26.log

Während des Gesprächs zwischen doria und tron beendet zapf2000 seine Webradiosendung und bedankt sich auf Englisch und Deutsch dafür, dass ihm die Chatteilnehmer im Radio zugehört haben, nicht aber auf Spanisch, worüber in diesem Fall aber hinweggesehen werden kann, da die verwendeten Codes für jeden Anwesenden verständlich und zugänglich sind. Trotz des ausbleibenden Wechsels auf Spanisch wird also dennoch das erforderliche Repertoire abgedeckt. Tron nimmt derweil die Gelegenheit wahr, an einem zweiten, parallel geführten, Gespräch teilzunehmen und bedankt sich seinerseits auf einer Mischung aus Englisch, Deutsch und Italienisch bei zapf2000 dafür, dass er die Sendung moderiert hat. Der Begriff „streaming" kann in diesem Kontext als Borrowing bezeichnet werden, da es sich hier um den webradiointernen Fachjargon handelt, „thx" stellt eine Abkürzung des englischen Wortes ‚thanks' dar. Auch das italienische „maestro“ ist in diesem Kontext in Ermangelung einer adäquaten deutschen Entsprechung als Lehnwort interpretierbar. Es wird in diesem Fall ein Mischsatz produziert, in dem lexikalisches Material aus verschiedenen Sprachen in eine gemeinsame grammtikalische Struktur gebracht wird. Zapf2000 antwortet ihm auf Deutsch. Es wird hier also alles verstanden, in dem zweiten Gesprächsstrang findet sich keine Störung, dafür eine kongruente Lexikalisierung. Dieses Phänomen kommt häufiger vor und wurde in Kapitel 5.2 bereits genauer beschrieben.

Auch in Beispiel 34 tritt eine Störung auf.

---

1 ⟨00:49⟩ <Sandstroem> spanisch is ja der stimmungskiller :P
[...]
2 ⟨00:51⟩ <doria> tron q signific stimmungskiller
3 ⟨00:51⟩ <tron> asesino del ambiente. del animo
4 ⟨00:51⟩ <guddi> lol
5 ⟨00:52⟩ <tron> no t5engo buena tradducíon en castellano
6 ⟨00:52⟩ <tron> algo que mata el animo de la communidad
7 ⟨00:52⟩ <doria> a ya q les estoy cortando el rollo a todos porque no me entienden jeje
8 ⟨00:52⟩ <tron> asi es :D
9 ⟨00:53⟩ <tron> no pueden competitir
10 ⟨00:53⟩ <tron> y lo peor es, estoy casado, no puedo disfrutar la ventaja :D
11 ⟨00:53⟩ <doria> sí así estoy yo siempre por aquí jeje
[...]
12 ⟨00:54⟩ <doria> bueno tranquilo q ya me callo y no te doy la brasa más tron :)

Beispiel 34: aus doria23.log

Hier versteht doria das zuvor von Sandstroem in den Raum gestellte Wort „stimmungskiller" (hierbei handelt es sich um die Weiterführung des Gesprächs aus Beispiel 14) nicht und fragt daher tron per Zuteilung des Turns – nicht etwa Sandstroem, der das Wort verwendet hat, in der gemeinsamen Sprache Englisch –, was das Wort bedeutet. Tron versucht es daraufhin zu übersetzen, was ihm auf Grund von Schwierigkeiten mit der kastillianischen Varietät zunächst nicht gelingt – was wieder als Störung zu werten ist, die dadurch beseitigt wird, dass einfach so lange nach den passenden Wörtern gesucht wird, bis doria den Sinn erkennt –, schließlich aber doch verstanden wird. Aus der Erklärung schließt sie, dass sie die tragende Rolle als ‚Stimmungskillerin' spielt, weil niemand versteht, was sie sagt, was tron ihr bestätigt. Sie schlägt allerdings auch keine alternative Sprache vor, die verwendet werden könnte, so dass sich auch die übrigen Anwesenden an ihrem Gespräch beteiligen können, offenbar reicht ihr tron als Gesprächspartner völlig aus, zumal sie in der Interaktion mit ihm nicht über mögliche Entsprechungen nachdenken muss, sondern problemlos in ihrer Muttersprache chatten kann. Generell bildet sich bei der Begutachtung der Beispiele die Tendenz auf Seiten dorias heraus, immer direkt tron anzusprechen, wenn sie etwas nicht versteht, anstatt es sich von anderen Gesprächsteilnehmern erklären zu lassen, was sie selbst gesagt und gemeint haben.

Auch bei Übersetzungen aus dem Spanischen wird, wie in Beispiel 35 häufig tron zur Hilfe herangezogen, da er neben doria der einzige regelmäßige Chatteilnehmer ist, der die spanische Sprache fließend beherrscht.

1 ⟨03:26⟩ <barrachash> gin, vodka, sambuca *g+
2 ⟨03:26⟩ <eberts> schön, ich habe WASSER :(
3 ⟨03:28⟩ <doria> sambuca ¿qué tipo de bebida es?
4 ⟨03:30⟩ <barrachash> susana ... it 's very sweet ... ;) some kind of ... herbs ... i don't know what's in there ...
[...]
5 ⟨03:37⟩ <doria> ahmm..ok tanja:)) si es dulce seguro que está bueno
[...]
6 ⟨03:38⟩ <barrachash> tron ... hilfe !
7 ⟨03:39⟩ <tron> hm?
8 ⟨03:39⟩ <barrachash> was hat sie gesagt? *g*
9 ⟨03:39⟩ <tron> wenn er süss ist ist er sicher gut
10 ⟨03:39⟩ <barrachash> danke
[...]
11 ⟨03:40⟩ <tron> doria : eso no funciona con rioja
12 ⟨03:40⟩ <barrachash> it 's sambuca with coffee–flavour, susana ... it 's ... strange
[...]
13 ⟨03:40⟩ <tron> si rioja es dulce, no es rioja :D
14 ⟨03:40⟩ <doria> tron el rioja no se mezcla cn nada
15 ⟨03:41⟩ <barrachash> was isn rioja ?
16 ⟨03:41⟩ <doria> wine
17 ⟨03:41⟩ <barrachash> ah :)

Beispiel 35: aus doria35.log

Barrachash erwähnt das Getränk Sambuca im Rahmen einer Aufzählung alkoholischer Getränke, woraufhin doria auf Spanisch fragt, um welche Art von Getränk es sich handelt. Barrachash versteht zwar was sie sagt, kann aber nicht auf Spanisch antworten, also wechselt sie auf Englisch und schlägt dadurch eine gemeinsame Sprache vor, in der sich die beiden weiter unterhalten könnten. Doria geht allerdings nur im ersten Teil ihres Turns durch Verwendung des Wortes „ok" auf den Vorschlag ein und wechselt innerhalb der Äußerung wieder auf Spanisch. Diesmal versteht barrachash das Gesagte nicht und wendet sich an tron, den sie bittet, für sie zu übersetzen, was er auch tut. Aus diesem Gespräch heraus entwickelt sich dann ein weiteres auf Spanisch zwischen tron und doria, in dem es um Wein geht. Barrachash versucht noch einmal, auf doria einzugehen, indem sie ihr „bueno" mit dem englischen „strange" zu relativieren versucht, erhält aber keine Antwort mehr. Im nächsten Beitrag fragt barrachash, was das Wort „rioja" bedeutet und erhält diesmal von doria die Antwort auf Englisch. Doria selbst hilft also aus, um die Störung in Form des Nichtverstehens der Vokabel bei barrachash zu beseitigen.

5.5.3 Wechsel auf gemeinsame Sprache

Eine weitere Möglichkeit, Störungen zu beheben, liegt im Wechsel auf eine gemeinsame Sprache zur Klärung der Probleme. In Beispiel 36 bezieht zapf2000, der männlichen Geschlechts ist, eine in spanischer Sprache getätigte Äußerung von doria auf sich und löst bei dieser dadurch einen Sprachwechsel ins Englische aus, um das offenbare Problem – näheres dazu wird in Kapitel 5.5.4 erläutert – zu lösen.

1 ⟨02:32⟩ <doria> hola chicas ;)
2 ⟨02:32⟩ <barraweck> +h
3 ⟨02:32⟩ <gunfire> hoi doria :)
4 ⟨02:33⟩ <zapf2000> <<< muchacha muy caliente
5 ⟨02:33⟩ <zapf2000> :)))))
6 ⟨02:33⟩ <doria> muchacha is a girl
7 ⟨02:33⟩ <doria> you muchacho
8 ⟨02:33⟩ <doria> hi gunfire
9 ⟨02:34⟩ <zapf2000> you siad hola chicas !!!!
10 ⟨02:34⟩ <zapf2000> said :)
11 ⟨02:34⟩ <zapf2000> <<< hot chica :)
12 ⟨02:34⟩ <zapf2000> don't tell everybody

Beispiel 36: aus doria2.log

Das Gespräch beginnt damit, dass doria die anwesenden weiblichen Mitchatter mit „hola chicas" begrüßt. Zapf2000 bezieht die Begrüßung auf sich und konstatiert, dass er eine „muchacha muy caliente" sei. Da doria der Meinung ist, zapf2000 habe sie missverstanden, wechselt sie die Sprache, und zwar auf Englisch, weil ihr bekannt ist, dass zapf2000 diese Sprache spricht und auch versteht, um ihm zu erklären, dass er nicht etwa eine ‚muchacha', sondern vielmehr ein ‚muchacho' sei. Zapf2000 hingegen beharrt darauf, dass sie ihn als Frau begrüßt habe und nagelt sie dadurch auf ihre Aussage fest. Hier wird der Sprachwechsel dazu verwendet, um eine vermeintliche Störung zu beheben, was allerdings misslingen muss, da die Störung niemals existiert hat, sondern lediglich stilisiert wurde, wie im folgenden Kapitel anhand desselben Mitschnitts erläutert wird.

5.5.4 Fingierung von Störungen

In Beispiel 37 scheint es zunächst nur so, als würde eine Störung im lexikalischen Bereich vorliegen, was dazu führt, dass eine neue Störung – semantischer Natur – hervorgerufen wird, die allerdings durch den Gebrauch von übertriebener Ironie wieder beseitigt wird.

---

1 ⟨02:30⟩ <SheOne> hi @GGRN–User933
2 ⟨02:31⟩ <barraweck> hi GGRN–User933
3 ⟨02:31⟩ Nick change: GGRN–User933 –> doria
4 ⟨02:31⟩ <zapf2000> wb susana :))
5 ⟨02:31⟩ <barraweck> ah ola susana :))
6 ⟨02:32⟩ <doria> hola chicas ;)
7 ⟨02:32⟩ <barraweck> +h
8 ⟨02:32⟩ <gunfire> hoi doria :)
9 ⟨02:33⟩ <zapf2000> <<< muchacha muy caliente
10 ⟨02:33⟩ <zapf2000> :)))))
11 ⟨02:33⟩ <doria> muchacha is a girl
12 ⟨02:33⟩ <doria> you muchacho
13 ⟨02:33⟩ <doria> hi gunfire
14 ⟨02:34⟩ <zapf2000> you siad hola chicas !!!!
15 ⟨02:34⟩ <zapf2000> said :)
16 ⟨02:34⟩ <zapf2000> <<< hot chica :)
17 ⟨02:34⟩ <zapf2000> don't tell everybody
18 ⟨02:35⟩ <zapf2000> jejejeje
[...]
19 ⟨02:37⟩ <doria> i said chicas because sheone and barra are chicas
[...]
20 ⟨02:37⟩ <zapf2000> me too !!!

Beispiel 37: aus doria2.log

In diesem Mitschnitt betritt doria zunächst als Gast[12] den Channel und wird mit „hi“ begrüßt. Nach dem Nickwechsel auf doria wissen die Anwesenden, dass es sich um die Spanierin handelt, barraweck begrüßt sie erneut, diesmal auf Spanisch und zapf2000 sagt „wb“ für ‚welcome back‘. Doria antwortet auf Spanisch mit „hola chicas“, woraufhin zapf2000 so tut, als würde er sich ebenfalls angesprochen fühlen und erklärt auf Spanisch und indem er mit Pfeilen auf sich selbst verweist, dass er eine „muchacha muy caliente“ sei. Doria versucht, die Störung zu beheben, indem sie ihm auf Englisch, also einer gemeinsamen Sprache, erklärt, dass es sich bei „muchacha“ um ein Femininum handelt und das richtige Substantiv für ihn „muchacho“ sei, übersieht hier aber, dass zapf2000 das durchaus weiß und sie nur spielerisch wie beharrlich auf einen vermeintlichen Fehler in ihrer Wortwahl aufmerksam zu machen versucht. Das Gespräch wird auf Englisch weitergeführt, dorias Rechtfertigung ist jedoch zwecklos, da zapf2000 sich offenbar bereits mit der Idee angefreundet hat, sich für eine Weile als weiblich auszugeben. Da allerdings gemeinhin bekannt ist, dass zapf2000 männlichen Geschlechts ist, wird das übertriebene Beharren darauf, weiblich zu sein, von ihm selbst ad absurdum geführt. Alles in allem werden in diesem Gesprächsausschnitt zwei Kritikpunkte an der Chatkommunikation deutlich, die beide mit dem Problem der Identitäten im virtuellen Raum zusammenhängen. Zum einen können die Nutzer in den meisten Fällen – nur sehr

[12]Nicknames wie GGRN-User933 werden vom Server automatisch generiert, wenn ein Nutzer über das Webinterface auf der Internetseite in den Chat kommt.

geübte Chatter, die viel Zeit im Channel verbringen und daher die Nutzer und ihr Chatverhalten gut kennen, sind in der Lage, andere beispielsweise anhand ihrer Wortwahl oder kleiner stilistischer Eigenheiten zu erkennen, sobald sie sich zu Wort melden – nur über ihren Nicknamen identifiziert werden, daher findet die Ansprache dorias zunächst mit „hi" statt, bis klar wird, um wen es sich handelt. Sobald der Nickname doria auftaucht, wird von vielen Benutzern kurzzeitig – meist geht es nicht über die Begrüßungssequenz hinaus – auf Spanisch geswitcht, um auszudrücken, dass sie im Channel willkommen ist. Das zweite Problem ist jenes der Anonymität, so dass ein Vorspiegeln falscher Tatsachen möglich ist. Ein Mann kann sich, wenn er sich bemüht, solange problemlos als Frau ausgeben, bis er den anderen Teilnehmern tatsächlich leibhaftig gegenübersteht, zumindest wenn er sich nur aufs Chatten an der Tastatur beschränkt. Allerdings muss festgehalten werden, dass dieses Phänomen häufiger in größeren Chats auftritt und oft nicht konsequent durchgehalten wird. Im speziellen Fall von zapf2000 ist die Aussage, er sei eine „hot chica", natürlich bewusst überspitzt und unglaubwürdig dargestellt, die meisten Benutzer des Channels kennen ihn persönlich, oder zumindest aus seinen Webradio-Sendungen, in denen seine Stimme klar als männlich identifizierbar ist. Daraus ist klar ersichtlich, dass er sich hier lediglich einen Scherz erlaubt, indem er doria das Wort im Munde umdreht, was sie offenbar in eine unangenehme Situation bringt, so dass sie beginnt, sich zu rechtfertigen. Dass zapf2000 eine ‚chica' durchaus von einem ‚chico' unterscheiden kann, ist hier also von Anfang an völlig irrelevant, wird aber durch vehementes Beharren auf die vermeintliche Weiblichkeit verwischt und künstlich zu einem Thema aufgebauscht, das eigentlich gar nicht zur Debatte stehen sollte.

Störungen treten im Bereich der Chatkommunikation immer wieder auf, werden in den meisten Fällen allerdings auch behoben. Gerade im Themenbereich des Code-Switchings existiert immer die Möglichkeit, einen anderen Chatter zu Rate zu ziehen und das Problem zu diskutieren oder aber durch Wechsel auf eine gemeinsame Sprache die auftretenden Schwierigkeiten aus der Welt zu schaffen.

6 Zusammenfassung und Ausblick

Zunächst muss festgehalten werden, dass Mehrsprachigkeit ein notwendiges Kriterium dafür ist, dass Code-Switching überhaupt stattfinden kann. Für die Untersuchung des Materials auf die Verwendung und den Wechsel zwischen zwei oder mehr Sprachen hin war vor allem unabdingbar, dass die Bereitschaft für den Gebrauch von unterschiedlichen Sprachen gegeben sein musste. Hier ist positiv anzumerken, dass dies bei vielen Chattern der Fall war und somit aus einer reichhaltigen Quelle geschöpft werden konnte. Die in den Theoriekapiteln zum Thema Code-Switching herausgearbeiteten Kriterien, nach denen Code-Switching untersucht werden kann, konnten gut auf das Material angewendet werden, so dass belegt werden konnte, dass nicht nur mündliche Gespräche auf Code-Switching hin untersucht werden können, sondern dass dies auch bei getippten Gesprächen im Chat möglich ist. Allerdings wurde in dieser Studie nicht vordergründig auf sozio-kulturelle Faktoren eingegangen. Diese Aspekte können noch näher untersucht werden. Auch das Phänomen des Code-Mixings ließ sich in den Mitschnitten finden und auf Code-Switching-Muster hin analysieren. Die Definition des Begriffes ‚Code' stellte für diese Studie kein großes Problem dar, da hier lediglich Code-Switching im Rahmen von unterschiedlichen Sprachen untersucht werden sollte, er musste nicht aus sozialen, psychologischen oder kulturellen Aspekten heraus beleuchtet werden.

Im Bereich der Analyse der Chatkommunikation muss unterschieden werden, ob der Chat einer Gesprächs- oder einer Diskursform zugeordnet werden soll. Was Gesprächsanalytische Faktoren anbelangt, so muss für die Chatkommunikation festgehalten werden, dass sich nur Ansätze und Teile der Gesprächsanalyse auf die Form des getippten Gesprächs anwenden lassen. Der Sprecherwechsel vollzieht sich ähnlich wie im mündlichen Gespräch, allerdings muss beachtet werden, dass sowohl prosodische Mittel als auch Mimik und Gestik weitestgehend wegfallen, sieht man davon ab, dass mit Inflektivformen und Emoticons gearbeitet werden kann, um eine Idee davon zu transportieren, wie der Sprecher sich fühlt oder was er gerade tut. Eine Garantie über die Richtigkeit des Geschriebenen kann auf Grund der räumlichen Entfernung nie gegeben sein. Der Sprecher hat jederzeit die Möglichkeit, einen Kommentar zum laufenden Gespräch abzugeben, was diese schriftliche Form des Gesprächs deutlich von der mündlichen unterscheidet und abgrenzt, da dort Konventionen eingehalten werden müssen, die sowohl Höflichkeitskriterien beinhalten – es würde zur Unterbrechung des aktuellen Sprechers führen – als auch solche der Verständlichkeit – wenn zwei oder mehr Personen gleichzeitig sprechen, findet eine Überlagerung statt, so dass nicht allen Gesprächsteilnehmern gleichzeitig gefolgt werden kann. Da es sich um eine nahezu synchrone Kommunikationsform handelt, in der es möglich ist, direkt auf das Gegenüber einzugehen, kommt es oft dazu, dass mehrere Gespräche parallel geführt werden, was allerdings keine Störungen hervorruft, sondern als normal erachtet wird. Auch für das Thema Code-Switching konnte hier festgestellt werden, dass es vorkommen kann, dass mehrere Gespräche zeitgleich in verschiedenen Sprachen geführt werden können, ohne dass es zu erheblichen Irritationen kommt. Letzten Endes bleibt zu fragen, wo die Unterschiede darin liegen, ein transkribiertes Gespräch entgegen einem Logfile zu analysieren. Abgesehen von der Arbeit, die geleistet werden muss, um Transkripte von mündlichen Gesprächen anzufertigen, die beim Chat wegfällt, da die Analysegrundlage in Form von Mitschnitten durch den verwendeten Client automatisch erstellt wird, ist es in vielerlei Hinsicht möglich, die Logs ebenso wie ein Transkript zu analysieren, ausgehend von der Unterstellung, dass die Chatter die Emotionen, die sie vermittels Emoticons oder Inflektiven vermitteln, nicht frei erfinden. Es muss hierbei also immer auf Vermutungen in Bezug auf die Interaktionswirklichkeit aufgebaut werden.

Die Untersuchung des Gegenstandsbereiches Code-Switching in der Chatkommunikation hat gezeigt, dass viele Formen des Code-Switchings, die auch in mündlichen Gesprächen zu finden sind, auf zu untersuchende Phänomene im Chat anwendbar sind. Die für diese Studie untersuchten Codes beziehen sich lediglich auf eigenständige Sprachen, nicht aber auf Varianten derer, also auf Dialekte oder Soziolekte und auch nicht auf soziokulturelle oder gruppenspezifische Eigenheiten. Die Gesprächsausschnitte wurden größtenteils lediglich auf situationsbezogenes Code-Switching hin analysiert, so dass hier noch viel Raum für weitere Untersuchungen gelassen wird. Die Studie hat ferner ergeben, dass der Sprachwechsel häufig in Situationen vonstatten ging, in denen entweder eine Störung behoben werden musste oder der Wortschatz in der Fremdsprache nicht ausgereift genug war. In diesen Fällen wurde oft wieder auf die Muttersprache oder eine gemeinsame Sprache gewechselt. Eine weitere Ursache für den Wechsel ergab sich aus der Berücksichtigung von Höflichkeitskriterien, aufgrund derer in die Muttersprache des Gesprächspartners gewechselt oder ebenfalls über eine gemeinsame Sprache verhandelt wurde. Auch fanden sich Beispiele für die Verweigerung eines Wechsels in die andere Sprache. Die Gründe hierfür sind wohl darin zu suchen, dass entweder ein Mangel an Sprachkompetenz vorlag, der Wechsel aus Bequemlichkeit nicht vollzogen wurde oder es für die entsprechende Gesprächssituation nicht als zwingend notwendig erachtet wurde, das Code-Switching zu vollziehen.

Da in dieser Studie nur ein Bruchteil des vorhandenen Materials untersucht werden konnte, ist hier eine weitere Untersuchung der Mitschnitte durchaus möglich. Beispielsweise könnte die Frage danach gestellt werden, welche weiteren Marker zur Themensteuerung in der Chatkommunikation existieren. Ebenen- oder Stilwechsel sind ein ebenso spannender wie reichhaltiger Forschungsbereich, der genau wie bei gesprochener Sprache wunderbar auf Chatkommunikation anwendbar ist und der zu untersuchen wäre. Darüber hinaus hat sich im Laufe der Bearbeitung des Materials und im Zuge der Nutzerbefragung die Frage danach gestellt, ob eine mündliche Diskussion übersichtlicher ist als eine unter gleichen Bedingungen geführte im Chat. Auch dieser Bereich könnte weiterführend untersucht werden.

7 Literatur

Alvarez-Cáccamo, Celso: From "Switching Code" to Code-Switching. Code-Switching in Conversation, 1998, 29–48

Androutsopoulos, Jannis / Hinnenkamp, Volker; Beißwenger, Michael (Hrsg.): Code-Switching in der bilingualen Chat-Kommunikation: ein explorativer Blick auf #hellas und #turks. Stuttgart, 2001 ⟨URL: http://www.chat-kommunikation.de⟩

Auer, Peter (Hrsg.): Code-Switching in Conversation. London/New York: Routledge, 1998

Auer, Peter / Li Wei (Hrsg.): Handbook of Multilingualism and Multilingual Communication. Band 5, Handbook of Applied Linguistics. Berlin/New York: Mouton de Gruyter, 2007

Bader, Jennifer: Schriftlichkeit und Mündlichkeit in der Chat-Kommunikation. NET.WORX 29, zuletzt aufgerufen am 18.10.2009, 2002 ⟨URL: http://www.mediensprache.net/networx/networx-29.pdf⟩

Beißwenger, Michael: Kommunikation in virtuellen Welten: Sprache, Text und Wirklichkeit. Stuttgart: ibidem, 2000

Beißwenger, Michael: Sprachhandlungskoordination in der Chat-Kommunikation. Berlin/New York: Walter de Gruyter, 2007

Bullock, Barbara E. / Toribio, Almeida Jacqueline: Themes in the study of code-switching. The Cambridge Handbook of Linguistic Code-switching, 2009, 1–17

Diebold, Richard A.: Incipient bilingualism. Language 37, 1961, 97–112

Dürscheid, Christa: Zwischen Mündlichkeit und Schriftlichkeit: die Kommunikation im Internet. Papiere zur Linguistik 60 (1), 1999, 17–30

Fano, R. M.: The information theory point of view in speech communication. Journal of the Acoustical Society of America 22, 1950, 691–696

Fries, Charles C./Pike, Kenneth L.: Coexisting phonemic systems. Language 25, 1, 1949, 29–50

Gumperz, John; Dil, Anwar S. (Hrsg.): Language in Social Groups. Stanford: Stanford University Press, 1971

Gumperz, John: Discourse Strategies. Cambridge: Cambridge University Press, 1982

Haugen, Einar: The analysis of linguistic borrowing. Language 26, 2, 1950, 210–231

Haugen, Einar: Bilingualism in the Americas: A Bibliography and Research Guide. Alabama: Universtity of Alabama Press/American Dialect Society, 1956

Hess-Lüttich, Ernest W. B./(2003), Eva Wilde: Der Chat als Textsorte und/oder als Dialogsorte? linguistik-online, zuletzt aufgerufen am 2.10.2009, ⟨URL: `http://www.linguistik-online.de/13_01/hessLuettichWilde.pdf`⟩

Hoffmann, Ludger: Chat und Thema. Internetbasierte Kommunikation, 2004, 103–122

Hoijer, Harry: Linguistic and cultural change. Language 24, 4, 1948, 335–345

Jakobson, Roman; Jakobson, Roman (Hrsg.): Linguistics and communication theory. Providence, R.I.: American Mathematical Society, 1961, 245–252

Jakobson, Roman/Fant, Gunnar/Halle, Morris: Preliminaries to Speech Analysis: The distinctive Features and their Correlates. Cambridge: The MIT Press, 1952

Li Wei; Auer, Peter (Hrsg.): The 'why' and 'how' Questions in the Analysis of Conversational Code-Switching. London/New York: Routledge, 1998, 156–176

Li Wei (Hrsg.): The Bilingualism Reader. Abingdon/New York: Routledge, 2000

Mackey, William F.: The description of bilingualism. Canadian Journal of Linguistics/Revue Canadienne de Linguistique 7, 2, 1962, 195–227

Muysken, Pieter: Bilingual Speech. Cambridge: Cambridge University Press, 2000

Myers-Scotton, Carol: Social motivations for codeswitching: evidence from Africa. Oxford: Oxford University Press, 1993

Myers-Scotton, Carol: Multiple Voices. An Introduction to Bilingualism. Malden, Oxford, Carlton: Blackwell Publishing, 2006

Poplack, Shana: Sometimes I'll start a sentence in Spanish Y TERMINO EN ESPANOL: Toward a typology of code-switching. Linguistic 18, 1980, 581–618

Rosenau, Heinz: Die Interaktionswirklichkeit des IRC. NET.WORX 18, zuletzt aufgerufen am 18.10.2009, 2001 ⟨URL: `http://www.mediensprache.net/networx/networx-18.pdf`⟩

Siebenhaar, Beat: Varietätenwahl und Code Switching in Deutschschweizer Chatkanälen. Quantitative und Qualitative Analysen. NET.WORX 43, zuletzt aufgerufen am 18.10.2009, 2005 ⟨URL: `http://www.mediensprache.net/networx/networx-43.pdf`⟩

Storrer, Angelika; al., Andrea Lehr et. (Hrsg.): Getippte Gespräche oder dialogische Texte? Zur kommunikationstheoretischen Einordnung der Chat-Kommunikation. 2001, 439–465

Thaler, Verena: Zur Problematik der Synchronizität computervermittelter Kommunikation. Zeitschrift für angewandte Linguistik 43, 2005, 79–101

Vogt, Hans: Language contacts. Word 10, 2–3, 1954, 365–374

Weinreich, Uriel: Languages in Contact. The Hague: Mouton, 1953

Wilde, Eva: Zwischen Mündlichkeit und Schriftlichkeit: Die Chat-Kommunikation aus linguistischer Sicht. Bibliography on Chat Communication: Papers & Studies 1, zuletzt aufgerufen am 18.10.2009, 2002 ⟨URL: `http://www.mediensprache.net/archiv/pubs/2028.pdf`⟩

***ibidem*-Verlag**

Melchiorstr. 15

D-70439 Stuttgart

info@ibidem-verlag.de

www.ibidem-verlag.de
www.ibidem.eu
www.edition-noema.de
www.autorenbetreuung.de